Bradford P. Keeney (Hrsg.)

Konstruieren therapeutischer Wirklichkeiten

systemische Studien Band 2

herausgegeben von Jürgen Hargens

Bradford P. Keeney (Hrsg.)

Konstruieren therapeutischer Wirklichkeiten

Praxis und Theorie systemischer Therapie

mit einem Vorwort von Gunthard Weber

verlag modernes lernen - Dortmund

systemische Studien

Diese Buchreihe entsteht in Zusammenarbeit mit der im gleichen Verlag erscheinenden **Zeitschrift für systemische Therapie** und wird herausgegeben von *Jürgen Hargens.*

Hier erscheinen Arbeiten, die systemische Ansätze in der Therapie weiterentwickeln und Möglichkeiten der praktischen Umsetzung mit einbeziehen. Die Reihe wendet sich an praktisch tätige Kliniker, theoretisch orientierte Forscher und alle an systemischem Denken Interessierte.

Band 2: Bradford P. Keeney (Hrsg.) · Konstruieren therapeutischer Wirklichkeiten

---

8.1987
verlag modernes lernen Borgmann KG — D - 4600 Dortmund 1
Gesamtherstellung: Löer Druck GmbH, Dortmund 1

Bestell-Nr. 4302 ISBN 3-8080-0122-4

Inhalt:

Quellennachweis der hier veröffentlichten Beiträge:

„Die Konstruktion therapeutischer Wirklichkeiten“
aus: Psychotherapy, 1987

„Ein konstruktivistischer Ansatz klinischer Ausbildung“
Erstveröffentlichung, Manuskript 1985

„Analyse einer systemischen Konsultation“
Erstveröffentlichung, Manuskript 1987

„Kybernetik des Absurden“
aus: Journal of Strategic and Systemic Therapies 6(4), 1986

Vorwort

Seit der zweiten Hälfte der 70er Jahre taucht er zunehmend häufiger als Autor von Beiträgen in amerikanischen Familientherapie-Zeitschriften auf: Bradford P. KEENEY. Was anfangs sonst noch über ihn nach Europa hinüberwehte, waren Beschreibungen wie „blitzgescheit, BATESON-Kenner, jungenhaftes Aussehen, Kybernetik-besessen". Dies bestätigt sich, wenn man ihn kennenlernt. Seine Lust am Rekursiven überträgt sich auf den Zuhörer. Wenn er Schleifen aneinanderreiht wie „I hear you — I hear you hearing me — I hear you hearing me hearing you", spürt man gleichzeitig sein Bedauern über die menschlichen Begrenzungen, nicht noch mehr Ebenen der Rekursion erfahren zu können. KEENEY muß man zu denen rechnen, die wesentlich dazu beitrugen, daß die Sichtweise der zweiten Kybernetik im Feld der systemischen Therapie Fuß faßte. Seine Ausführungen über Epistemologie und Kybernetik in seinem Buch „Aesthetics of Change" („Ästhetik des Wandels") gehören zu dem Besten, was in bezug auf systemische Therapie darüber geschrieben wurde. Drei Ideenbereiche scheinen mir in den letzten Jahren die systemische Therapie besonders beeinflußt zu haben: die Sichtweise der zweiten Kybernetik, die Ideen des Radikalen Konstruktivismus und die Arbeiten von MATURANA und VARELA. Dieser neue „therapeutische Geist" durchzieht auch dieses Buch. Im Gegensatz zu manchen früheren Veröffentlichungen mit anregenden, aber vorwiegend theoretischen Erörterungen werden in diesem Band die Erkenntnisse immer wieder auf die konkrete Praxis-Ebene übersetzt und ihre Relevanz anhand von Fallbeispielen dargestellt. KEENEY hat in den letzten Jahren verschiedenen Familientherapeuten bei ihrer Arbeit über die Schulter geschaut und aus seinem Bezugsrahmen heraus deren Therapien beschrieben. Daß er hier ein von Harold GOOLISHIAN geführtes Familiengespräch kommentiert, ist nicht zufällig, gehört dieser doch ebenfalls zu dem Kreis der kreativen Therapeuten, die versuchen, diese Ideen in ihrer therapeutischen Arbeit zu verwirklichen.

Erstaunlich ist, daß KEENEY gerade im als konservativ geltenden Texas eine Arbeitsmöglichkeit zur Verfügung gestellt wurde, wo er sein Interesse an interdisziplinärer Zusammenarbeit und seinen Spaß am Experimentieren verwirklichen kann. Das Kapitel über einen konstruktivistischen Ansatz klinischer Ausbildung zeugt von seiner Experimentierfreudigkeit und den neuen Wegen, die er und seine Mitarbeiter gehen. Aus ordentlich-deutscher Sicht fragt man sich jedoch, ob den mit dieser Vorgehensweise behandelten Familien nicht beinahe zuviel ungewohnte Neuigkeit zugemutet wird.

Ich möchte den Leserinnen und Lesern vorschlagen, die Lektüre des Buches mit dem fiktiven Gespräch über die Kybernetik des Absurden zu beginnen, um sich anstecken zu lassen, von seinem Gegen-den-Strich-Denken, von dem humor- und geistvollen Gedankenspiel, in dem immer wieder Wirklichkeiten erzeugt und infragegestellt werden. Für die therapeutische Arbeit scheint mir das Kapitel 1 über die Konstruktion therapeutischer Wirklichkeiten am zentralsten, weil es einen sehr nützlichen Bezugsrahmen für therapeutische Prozesse herstellt und wichtige Kategorien und Unterscheidungen zur Verfügung stellt, mit deren Hilfe therapeutische Interaktionen verstanden und entworfen werden können.

Der Herausgeber dieser Reihe scheint sich die dankenswerte Aufgabe gestellt zu haben, Bücher und Autoren zu veröffentlichen, die nicht im Hauptstrom der Aufmerksamkeit schwimmen, die aber Innovatives zur Entwicklung der systemischen Therapie beitragen. Therapeuten/innen mit festen Überzeugungen und einem klaren Zugehörigkeitsgefühl zu einer bestimmten Schule seien aber gewarnt. Es kann ihnen passieren, daß manche ihrer Vorannahmen über Therapie nach der Lektüre nicht mehr so wahr und wirklich sind, wie sie ihnen vorher erschienen.

Wiesloch, im Mai 1987 *Gunthard Weber*

Vorbemerkungen des (Reihen-) Herausgebers

Die in diesem Band zusammengestellten Beiträge geben einen Einblick in die Arbeiten, die im Rahmen des „Family Therapy Program" der Texas Tech Universität in Lubbock geleistet werden. Lubbock ist verknüpft mit dem Namen von Bradford P. KEENEY, der dieses Programm seit 1983 als Direktor leitet. Mit KEENEYs Namen ist zugleich eine intuitive Ahnung von der Weite und Enge dieses Programms gegeben.

„Enge" bezieht sich dabei auf das zugrundeliegende Muster theoretischer Konzeptionen, das sich — um nur die bekanntesten Namen zu nennen — auf BATESON, VARELA und VON FOERSTER gründet. „Weite" bezieht sich auf den Aspekt, daß es außer dieser vereinheitlichenden theoretischen Orientierung keine Einschränkungen gibt, diese Ideen in Handlungen umzusetzen. Die hier zusammengestellten Beiträge vermitteln einen Eindruck davon.

Zunächst einmal wird die Weiterentwicklung theoretischer Konzepte umfassend erläutert — die Benennung semantischer und politischer Bezugsrahmen als (erfundene) Beobachterkategorien, die eine Beschreibung konstruierter Wirklichkeiten auf verschiedenen Ebenen vereinheitlichend ermöglichen. Dabei bleiben diese Konzepte nicht im leeren Raum stehen, sondern werden anhand einer Fallstudie erläutert, praktikabel und durchsichtig gemacht — und damit auch kritisierbar und hinterfragbar. Und Fragen schaffen den Raum und den Rahmen, die für weitere Entwicklungen fruchtbar und förderlich sind.

Diese konzeptionellen Überlegungen finden auch Eingang in eine veränderte klinische Praxis — modifizierte Rollen aufseiten des therapeutischen Teams, die eine modifizierte Struktur des therapeutischen Systems nach sich ziehen und theoretische Konzepte auf unerwartete Weise in Praxis umsetzen, nämlich genau die Konzepte von Semantik und Politik, die zuvor beschrieben wurden.

Für die „Weite" spricht auch der Versuch, nicht im engen Bereich des ausschließlich therapeutischen Tuns stehen zu bleiben, sondern sich der eigenen wissenschaftlichen und fächerübergreifenden Grundlagen bewußt zu bleiben. Daß dies nicht nur Absichtserklärungen sind, wird allein daran erkennbar, daß das familientherapeutische Programm in Lubbock interdisziplinär arbeitet, z.B. Anregungen durch Forschungsassistenten unterschiedlichen Hintergrunds erhält. Auch dafür bietet dieser

Band Beispiele. Eine solche Konstruktion führt letztlich wieder an den Anfang zurück — auf Fragen, neue Fragen, veränderte Fragen.

Und ein Element scheint mir an diesem Programm besonders wichtig, das nicht immer so deutlich zum Vorschein kommt: die Freude am Tun, am Spielerischen. Der abschließende Dialog drückt diesen Aspekt für mich sehr klar aus.

Diese Arbeiten verlangen von den Lesern/innen die Bereitschaft, sich auf dieses Spiel von Enge und Weite, Sicherheit und Infragestellen einzulassen. Sie verlangen etwas, was zu den besten Traditionen BATESONschen Denkens gehört — lockeres und strenges Denken.

Einige Anmerkungen zur Übersetzung

In den folgenden Kapiteln haben die Autoren/innen sich darum bemüht, eine alternative Sichtweise für therapeutisches Tun — und das Tun bezieht sich gleichermaßen auf klinische Praxis wie theoretische Darlegung — zu entwickeln. Dies ist verbunden mit Begriffen, die bisher entweder nicht in einem solchen Zusammenhang von Bedeutung waren oder sogar mit der Konstruktion neuer Begrifflichkeiten. Damit ergibt sich die schwierige Aufgabe, „passende" deutsche Ausdrücke zu (er-)finden, zu konstruieren, was nicht immer möglich schien, ohne den Bezug zu den englischen Ausdrücken zu verlieren oder aber auf ihr assoziatives Umfeld zu verzichten. Ich möchte deshalb schon an dieser Stelle auf einige dieser Begriffe hinweisen.

Eine grundlegende Unterscheidung, die die Autoren/innen treffen, bezieht sich auf semantische und politische Rahmen — „semantic and political frames of reference" — oder einfach auf Semantik und Politik — „semantics and politics". In der Übersetzung werden diese Bezeichnungen beibehalten, auch wenn es nicht immer einfach scheint, von der engen deutschen Auffassung von „Politik" abzurücken. Aber andere Bezeichnungen, wie etwa Organisation oder Hierarchie der Beziehungen, sind bereits in andere Theorien eingebunden und könnten allzuleicht Mißverständnisse hervorrufen.

„Bedeutsames Rauschen" — „meaningful noise" — wurde als quasitechnischer Begriff beibehalten, auch wenn dadurch einige deutsche Sätze leicht merkwürdig zu klingen scheinen. Die Autoren/innen haben diesen Begriff so klar definiert, daß kaum Mißverständnisse aufkommen können. Es sei an dieser Stelle daran erinnert, daß KEENEY in früheren Veröffentlichungen von „bedeutsamem Rorschach" — „meaningful rorschach" — sprach, inzwischen aber aufgrund der problematischen und vielgestaltigen Auffassungen über den Begriff „Rorschach" nur noch von „Rauschen" spricht.

„Bedeutung" — „meaning" — und „Muster" — „pattern" — sind in aller Regel geläufige und verständliche Begriffe, auch wenn der Spezialist, der damit in der klinischen Arbeit zu tun hat, einen ungewöhnlichen Titel führt: „Bedeutungs-Spezialist" — „meaning assessment specialist" — oder aber: „Muster-Spezialist" — „pattern assessment specialist". Ich habe mich der unmißverständlichen Klarheit halber an diese Begriffe gehalten und so Raum gelassen für die Konstruktion treffenderer und im deutschen geläufigerer Begriffe. Und, wie die Autoren/innen deutlich machen, die Wahl dieser Begriffe und ihre Mitteilung an die Klienten/innen, stellt zugleich eine Intervention dar.

Entsprechendes gilt auch für den „Koordinator" und den „Orchestrator" („coordinator" bzw. „orchestrator").

Meyn, im April 1987 *Jürgen Hargens*

Einleitung

Bradford P. Keeney

Jeder therapeutische Ansatz ist erfunden. SIGMUND FREUD erfand die Psychoanalyse, VIKTOR FRANKL erfand die Logotherapie, CARL WHITAKER erfand die symbolisch-experientelle Familientherapie, RICHARD BANDLER und JOHN GRINDER erfanden das Neuro-Linguistische Programmieren. Eine erfundene Strategie ist zu Anfang weder theoretisch vollständig, noch technisch ausreichend. Wird die Strategie bei verschiedenen Klienten angewendet, kommt es zu Modifikationen — einige theoretische Ideen und klinische Techniken kommen hinzu, werden verändert oder fallen weg. Auf diese Weise erfindet, konstruiert und evolviert ein therapeutischer Ansatz sich selbst.

Eine solche Auffassung von Therapie legt es nahe, einige allgemeine Fragen über Psychotherapie einer neuerlichen Bewertung zu unterziehen: „Wirkt diese Therapie?" „Wirkt sie bei Anorektikern?" „Schafft sie tiefgehende, anhaltende Änderungen?" usw. Die Erfinder und Konstrukteure von Therapien beschäftigen sich meist mehr mit anderen Fragen: „Wie schaffen wir es, daß diese Therapie wirkt?" „Wie schaffen wir es, daß sie bei Anorektikern wirkt?" „Wie gelingt es uns, tiefgehende und anhaltende Änderungen zu schaffen?"

Ginge ein Forscher zu einer Gruppe struktureller Familientherapeuten und würde behaupten, ihre klinischen Strategien wirken nicht bei Schizophrenen, dann stünden die Strukturalisten vor der Wahl: Akzeptieren sie die Behauptung des Forschers und lassen diese Einschränkung in ihrer Arbeit gelten? Oder erfinden sie einen Weg, ihren Ansatz für die entsprechende Klientenpopulation effektiv zu machen?

„Radikaler Konstruktivismus" ist die formale Bezeichnung für die Klasse der Annahmen, daß Erfahrungswelten grundsätzlich **erfunden** und nicht **entdeckt** werden. Den umfassenden Wandel, der mit der Vorstellung, daß wir an der Konstruktion unserer Erfahrung mitwirken, verbunden ist, anzuerkennen, hervorzuheben und zu benutzen, hat einer der philosophischen Führer des Radikalen Konstruktivismus dargelegt, ERNST VON GLASERSFELD (1981, S. 94). Er spricht von einer Änderung, die noch dramatischer ist als die Kopernikanische Revolution, wo wir die Vorstellung aufgeben mußten, unser kleiner Planet sei der Mittelpunkt des Universums. Er stellt fest, daß wir einer Situation gegenüberstehen, in der wir die Annahme aufgeben müssen, „die Repräsentationen, die wir aus unserer Erfahrung konstruieren, könnten in irgendeiner Weise eine Welt widerspiegeln, wie sie auch ohne uns sein könnte".

HEINZ VON FOERSTER (1981), Physiker und Kybernetiker, der sich selbst als „Konstruktivist" bezeichnet, faßt die konstruktivistische Position elegant zusammen, indem er die folgende Proposition vorschlägt:

„Willst du sehen, so lerne zu handeln."

Aus diesem Verständnis folgt, daß ein Therapeut, der eine bestimmte therapeutische Wirklichkeit erfahren möchte, lernen muß, eine solche zu konstruieren.

Die allgemeinere Implikation dieser Auffassung liegt darin, daß das, was man sieht, immer eine Folge dessen ist, wie man handelt. Ob man einen Klienten als „chronischen-hoffnungslosen-feststeckenden Patienten" oder als „ein Individuum in einer Situation, die sich sofort verändern läßt" sieht, ist eine Folge dessen, wie der Therapeut handelt. So gesehen, enthüllen Beschreibungen von Beobachtungen immer die Handlungen des Beobachtens.

Dieses Buch stellt einen Rahmen bereit, sich problematischen Situationen auf eine Weise zu nähern, die sich auf Radikalen Konstruktivismus gründet. Welchen Unterschied macht Radikaler Konstruktivismus für den Therapeuten? Die unmittelbare Aufforderung besteht darin, daß der Therapeut auf Prämissen verzichtet, die „objektive Beobachtungen" für möglich halten und er stattdessen die „Ethik des Beobachtens" in den Mittelpunkt stellt. Weiß man, daß das, was man sieht, eine Folge dessen ist, wie man handelt, dann liegt die Verantwortung für die eigenen Beobachtungen beim Beobachter. Der Therapeut kann sich nicht länger losgelöst von seinen Beobachtungen des Klienten sehen. Was er sieht, ist immer eine Folge seiner Aktionen und Interaktionen mit (einem) Klienten. Diagnose und Behandlung erscheinen relational und evolutionär und nicht isoliert und statisch.

Die Konsequenz eines konstruktivistischen Therapieansatzes, die wohl die größten praktischen Auswirkungen hat, ist die, daß die eigenen Wahlmöglichkeiten vergrößert werden. Für Konstruktivisten ist jede Idee, jede Technik, jeder therapeutische Ansatz und jede therapeutische Schule eine Aufforderung oder Vorschrift, eine spezifische Wirklichkeit zu konstruieren. Da jede therapeutische Wirklichkeit erschaffen werden kann, sind alle therapeutischen Wirklichkeiten gleichermaßen wirklich. Ein solches Verständnis bedeutet nun, daß der Therapeut frei ist zu entscheiden, was immer er von einem therapeutischen Ansatz erwartet. Und weiter, konstruktivistische Therapeuten sind meistens daran interessiert, ihren eigenen Stil zu entwickeln und Meister der therapeutischen Improvisation zu werden — der Kunst, die Mittel und Möglichkeiten jeder Situation zu nutzen.

„Konstruktivistische Therapie" ist keine Bezeichnung für eine bestimmte therapeutische Schule. Die Bezeichnung ist vielmehr nur eine Art, den Prozeß, therapeutische Ideen, Techniken, Strategien und Wirklichkeiten zu erfinden, herauszustellen. Das vorliegende Buch, „Konstruieren therapeutischer Wirklichkeiten", gestattet einen Blick auf einige der neuesten Entwicklungen in der Anwendung kybernetischer und konstruktivistischer Ideen in systemischer Therapie. Das erste Kapitel, „Die Konstruktion therapeutischer Wirklichkeiten", stellt die theoretische Perspektive vor, die benutzt wird, um klinische Arbeit gleichermaßen zu verstehen wie durchzuführen. Eine Fallstudie des Herausgebers soll zeigen, wie die theoretischen Ideen klinische Arbeit unmittelbar in-formieren.

Das folgende Kapitel, „Ein konstruktivistischer Ansatz klinischer Ausbildung", präsentiert einen therapeutischen Teamansatz, der aus der im ersten Kapitel vorgestellten theoretischen Perspektive entwickelt wurde. Diese Arbeit wurde im Rahmen des Family Therapy Program der Texas Tech Universität durchgeführt. Das dritte Kapitel, „Analyse einer systemischen Konsultation", demonstriert, wie sich die entwickelten theoretischen Ideen benutzen lassen, die Arbeit anderer systemischer Therapeuten zu verstehen. Eine Konsultation des texanischen Therapeuten Harold A. GOOLISHIAN wird von Debra DENMAN zusammen mit Harry GOOLISHIAN analysiert.

Das abschließende Kapitel, „Kybernetik des Absurden", ist der Dialog zwischen einem Therapeuten und einem Kybernetiker. Es ist eine Aufforderung an die Leser/innen, sich den Traditionen von Kybernetik, Ökologie, Systemtheorien und Radikalem Konstruktivismus u.a. anzuschließen und sich offen und frei an der evolvierenden Konstruktion und Dekonstruktion therapeutischer Wirklichkeiten zu beteiligen.

Viele Therapeuten haben Formen konstruktivistischen Denkens bereits auf die unterschiedlichste Art erfahren. So enthalten unter anderem die Arbeiten eines CARLOS CASTANEDA, JOSEPH CHILTON PEARCE und JOHN LILLY bekannte Beispiele, wie sich alternative Wirklichkeiten konstruieren lassen. HARVEY COX (1973, S. 325), Kulturtheologe an der Harvard-Universität, meinte unter Bezugnahme auf solche Arbeiten, daß „die kommende ‚Summa Theologica' nicht aus tausend Kapiteln besteht, sondern aus tausend verschiedenen Seinszuständen, die kein Klebemittel zusammenhält, sondern allein die Tatsache, daß alle tausend gleichermaßen wirklich sind."

Andere Beiträge konstruktivistischen Denkens, von PIAGETs „Die Konstruktion der Wirklichkeit beim Kinde“ bis zu BERGER und LUCKMANs „Die soziale Konstruktion der Wirklichkeit“, zeigen den breiten Einfluß, den konstruktivistisches Denken bereits gefunden hat. In der Psychotherapie kann man KELLEYs klassischen Text und neuere Beiträge von WATZLAWICK und Mitarbeitern anführen, um nur einige zu erwähnen. Und schließlich gibt es die großen Philosophen, die zum Konstruktivismus beigetragen haben, wie GIANBATTISTA VICO, IMMANUEL KANT, EDMUND HUSSERL und LUDWIG WITTGENSTEIN.

Ein konstruktivistisches Verständnis von Therapie ist auf alte und solide Denktraditionen bezogen. Aber man steht erst am Anfang, die Implikationen, die mit einer völligen Übernahme eines konstruktivistischen Ansatzes zusammenhängen, zu erkennen. Es ist eine Sache zu sagen, jede Therapie sei erfunden oder die eigene erfundene Strategie berücksichtige, wie experientelle Wirklichkeiten konstruiert werden. Es bedarf eines weiteren Sprunges, um Schöpfer, Erfinder und Verbesserer therapeutischer Wirklichkeiten zu werden. Dabei bewegt man sich über die Begrenzungen jeder therapeutischen Schule (sei sie konstruktivistisch oder nicht) hinaus, während man zugleich jedes Mittel und jede Möglichkeit eines solchen Ansatzes für sich in Anspruch nimmt.

Man kann vielleicht eine Analogie zum Lernen eines Instrumentes herstellen. Man lernt ein Instrument auf verschiedenste Weise, manchmal sogar ohne Noten zu kennen. Jeder Musiker hat jedoch irgendwann auf die eine oder andere Art bestimmte Techniken erlernt. Bei einigen Methoden des Klavierunterrichts werden die Bezeichnungen der Noten gelernt und dann mit den entsprechenden Klaviertasten korreliert. Dieses Wissen um die Noten und die ihnen entsprechenden Klaviertasten wird im Laufe der Zeit zu einer unbewußten Gewohnheit. Dann wird es möglich, Musik gleichzeitig zu lesen und zu spielen — „vom Blatt zu spielen“. Im weiteren Lernverlauf kann man nicht nur vom Blatt spielen, sondern auch stilistische Improvisationen anderer, bekannter Musiker imitieren. Ein Klavierspieler kann demonstrieren, wie eine Melodie in der Interpretation von ERROLL GARNER, BILL EVANS oder CECIL TAYLOR klingt. Ein weiterer Lernschritt erfolgt, wenn der Musiker seinen eigenen Stil ausbildet. Nun müssen Techniken und Imitationen beiseitegelassen werden (d.h. man bewegt sich weiter in Richtung unbewußt) und der Musiker wird zu einem Erfinder neuer Stile und vielleicht sogar neuer Formen von Musik.

Oft stellt der Meisterspieler paradoxerweise fest, daß das Ende der Reise ihn an ihren Anfang zurückbringt. Er entdeckt, daß er viel mehr Zuhörer als Ausführender ist: die Liebe zum Spiel dreht sich stärker darum, die erfundene Musik, die nun selbst den Spieler überrascht, anzuhören. Klavier und Klavierspieler werden eins. Oder, wie der Konstruktivist sagen würde, Beobachten und Beobachtetwerden sind rekursiv so verschlungen, daß sie als Einheit erlebt werden.

Diese Beschreibung der Entwicklung eines Musikers gilt auch für den Therapeuten. Anfangs kann sich ein Therapeut auf ein formales System stützen (in den meisten Fällen entwickelt er ein informelles, zumeist nicht ausformuliertes, konzeptuelles System), so daß er Unterscheidungen treffen kann. Dies führt zur Konstruktion unterschiedlicher Formen klinischen Verstehens und Handelns. Die Übernahme von Ideen und Techniken kann dann zu einem Stillstand in der Entwicklung des Therapeuten führen. Gelangt man, um WHITAKERs Begriffe zu benutzen, vom „Tun" der Therapie zum „Sein" der Therapie, erfordert das eine Reise, die etwa dem Schritt des Musikers über Technik und Imitation hinaus entspricht. Therapeut oder Musiker werden, ist ein Aufruf über unmittelbare Pragmatik hinaus — es ist eine ästhetische Suche.

In den folgenden Kapiteln wird zunächst ein formales System dargestellt, dem Beispiele folgen, wie es sich benutzen läßt, verschiedenste Therapien zu verstehen, zu studieren, zu lehren und zu erfinden. Dieses Buch ist mehr als nur eine Sammlung klinischer Ideen und Techniken, es ist eine Einladung, sich stärker auf das Konstruieren von Therapien einzulassen. Therapeut werden — im umfassendsten Verständnis der Bezeichnung „werden" — konstruiert die Möglichkeit, daß Therapie für den Therapeuten ebensoviel bedeutet wie für den Klienten. Wie der Musiker, der spielt, um sich von der erfundenen Musik überraschen zu lassen, kann der Therapeut arbeiten, um sich von den erfundenen therapeutischen Wirklichkeiten provozieren, überraschen und erregen zu lassen.

Die Konstruktion therapeutischer Wirklichkeiten

Bradford P. Keeney

Semantik und Politik: Therapeutische Bausteine

In diesem Kapitel wird ausgeführt, wie sich die Konstruktion therapeutischer Wirklichkeiten hinsichtlich der Handhabung von „Semantik“ und „Politik“ beschreiben läßt (vgl. KEENEY & ROSS 1985; KEENEY & SILVERSTEIN 1986). Semantik wird hier verstanden als Bezeichnung eines kommunikativen Kontextes, in dem Bedeutung gefordert und konstruiert wird. So kennzeichnet beispielsweise der folgende Gesprächsausschnitt einen semantischen Bezugsrahmen:

Therapeut: Weshalb sind Sie zur Therapie gekommen?
Klient: Ich leide unter Depression.
Therapeut: Was meinen Sie mit „Depression“?
Klient: Ich bin manchmal ganz fertig.

In diesem Gesprächsausschnitt wird Bedeutung von Therapeut und Klient gefordert und konstruiert. Demgegenüber wird Politik als Bezeichnung für einen kommunikativen Kontext benutzt, der sich in erster Linie um eine Spezifizierung des „wer-tut-wem-was-wann-wo-und-wie“ kümmert. Der folgende Ausschnitt demonstriert Forderungen und Konstruktionen, die Politik betreffen:

Therapeut: Was tun Sie als erstes, wenn Sie erkennen, daß Sie depressiv werden?
Klient: Wenn ich bei der Arbeit bin, sage ich, daß es mir nicht gut geht und daß ich nach Hause gehe.
Therapeut: Was passiert, wenn Sie nach Hause kommen?
Klient: Ich lege mich ins Bett.
Therapeut: Versucht jemand, Ihnen zu helfen?

Jede Konstruktion einer Bedeutung impliziert immer politische Folgen und jede Spezifierung der Politik besitzt ihre jeweiligen Bedeutungen. Wird die Bedeutung symptomatischen Verhaltens in Ausdrücken sozialer Beziehungen anstelle individueller endokriner Systeme definiert, so wird die Politik der Therapie ganz anders aussehen. Andersherum, wenn ein Therapeut auf die individuellen Klagen über Migräne politisch reagiert, indem er nahelegt, daß die ganze Familie zur Therapie kommen sollte, dann wird die Bedeutung der Migräne wahrscheinlich transformiert. Semantik und Politik sind daher die beiden Seiten derselben konzeptuellen Münze: sie verweisen auf zwei verschiedene Möglichkeiten, menschliche Kommunikation zu sehen. Anders formuliert, menschliche Kommunikation läßt sich durch einen semantischen Rahmen betrachten, der Bedeutungen betont, oder durch einen politischen Rahmen, der die soziale Organisation der Kommunikation hervorhebt.

Die Unterscheidung zwischen politischen und semantischen Bezugsrahmen verschafft uns einen Blick auf die grundlegenden Bausteine, die zur Konstruktion therapeutischer Wirklichkeiten benutzt werden. Klienten präsentieren Therapeuten semantische und politische Rahmen, die dann benutzt werden, eine therapeutische Wirklichkeit zu konstruieren. Die semantischen Rahmen, die die Klienten anfänglich anbieten, schließen manchmal sowohl eine Definition ihrer Probleme wie eine Erklärung ihrer Ursachen ein. Um einem gestörten System effektiv helfen zu können, sollte ein Therapeut imstande sein, andere semantische und politische Rahmen einzuführen, deren Abstraktionen von einer höheren Ordnung sind als die Rahmen einfacher Ordnung, die die Klienten präsentieren. Derartige Rahmen verleihen den Problemen der Klienten neue Bedeutungen oder sie versuchen, die Politik, die die Probleme organisiert, zu verändern oder aber beides.

Rekursive Dialektik von Semantik und Politik

Die Vielfalt semantischer und politischer Rahmen, die zur Konstruktion therapeutischer Wirklichkeiten verwendet werden können, sind in Abbildung 1 zusammengefaßt. Die rechte Seite der Abbildung, „Politik“, zeigt drei Beschreibungsebenen: einfache Handlung/Aktion, Interaktion und soziale Choreograpie. Diese lassen sich als verschiedene Ebenen des Umfangs bzw. der Einheiten begreifen. Auf der kleinsten Ebene dieses Beschreibungssystems erkennen wir einfache Handlungen, wie etwa „mit dem Finger zeigen“, „laut rufen“, „schnell atmen“ und „hüpfen“. Auf der nächst höheren Ebene erweitert sich unser Blick, so daß wir einfache Handlungen als Teil einer Interaktionssequenz sehen, die typischerweise die Beteiligung anderer Individuen einschließt. Hier wird das Reden einer Person mit dem Reden einer anderen als verbunden gesehen.

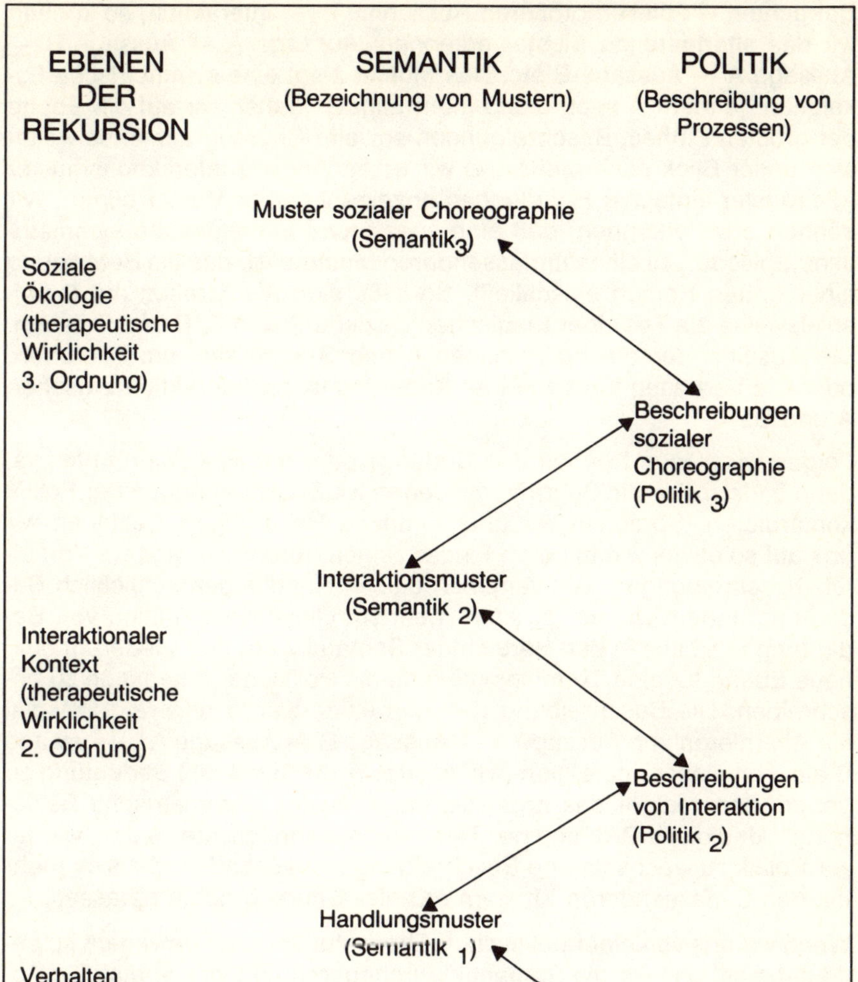

Abbildung 1: Rekursive Dialektik von Semantik und Politik

Betrachten wir diesen größeren Ausschnitt ihrer Interaktion, so können wir das alternierende Muster erkennen: Aussage A — Aussage B — Aussage A — Aussage B etc. Das Muster zeigt eine symmetrische Eskalation: je mehr A sagt, desto mehr sagt B. Gehen wir auf die Ebene der größten Einheit, Beschreibungen sozialer Choreographie, so weitet sich unser Blick noch mehr und wir erkennen, wie Interaktionsmuster (die Muster einfacher Handlungen anzeigen) selber Muster bilden. Wir können etwa erkennen, daß eine spezifische interaktionale symmetrische Episode Teil eines umfassenderen Musters ist, das die Beteiligung einer dritten Person einschließt. So ließe sich A's Streiten mit B beispielsweise als Teil einer triadischen Beziehung von A, B und C sehen. Die Auseinandersetzung zwischen A und B kann sich um C drehen, oder C's Verhalten führt zu einer Änderung in der Interaktion zwischen A und B.

Folgen wir diesen Ebenen des Umfangs oder der Rekursion aufwärts, dann ändern sich die Begriffe, mit denen wir Beschreibungen der Politik konstruieren. Sprechen wir über einfache Handlungen, beziehen wir uns auf so etwas wie mit dem Finger zeigen, rufen oder andere Verhaltensbeschreibungen. Wir verleihen diesen Handlungen schließlich Bedeutung, indem wir sie „streiten" nennen. Diese Konstruktion von Bedeutung führt uns in den Bereich der Semantik, der uns wiederum eine neue Ebene für eine Terminologie gibt, die Politik der Interaktion zu beschreiben. Die Beschreibung der Interaktion war in unserem Beispiel ein Alternieren von Aussage A — Aussage B — Aussage A — Aussage B etc. Um dieser Interaktion (wir wechseln zur Semantik) Bedeutung zu geben, nannten wir das organisierende Muster „symmetrische Beziehung". Und diese Ordnung der Terminologie ermöglichte es uns, wieder zur Politik zu wechseln und Beschreibungen zu schaffen, die sich mehr mit den umfassenderen Mustern sozialer Choreographie befassen.

Wenn wir uns von einer politischen Ebene zur anderen bewegen, so bedeutet dies, daß wir die Semantik durchqueren und vice versa. Die Abfolge der Rekursion in unserem Beispiel wird in Abbildung 2 dargestellt. Wir können klarer erkennen, daß die Konstruktion von Beschreibungen der Interaktion abstraktere Begriffe erfordert, als die Begriffe, die wir verwenden, wenn wir einfache Handlungen beschreiben. Entsprechend verlangt die Beschreibung sozialer Choreographien Begriffe, die abstrakter sind als die, die wir für Beschreibungen einfacher Handlungen als auch für Interaktionen benutzen. Abbildung 2 enthält eine Beschreibung sozialer Choreographie, die sich von einer Form symmetrischer Interaktion (Sym_A) über eine komplementäre Interaktion zu einer veränderten Form symmetrischer Beziehung (Sym_B) hin entwickelt.

SEMANTIK$_3$: Bedeutung sozialer Choreographie	soziale Struktur einer Koalition von B und C gegen A
POLITIK$_3$: Beschreibung sozialer Choreographie	symmetr. Interaktion A — symmetr. Interaktion A komplem. Interaktion A — symmetr. Interaktion B
SEMANTIK$_2$: Bedeutung von Interaktion	symmetrische Interaktion
POLITIK$_2$: Beschreibung von Interaktion	Aussage A — Aussage B — Aussage A — Aussage B
SEMANTIK$_1$: Bedeutung von Handlung	A streitet — B streitet
POLITIK$_1$: Beschreibung von einfacher Handlung	A zeigt und schreit – B zeigt und schreit . . .

Abbildung 2: Ebenen der Rekursion

Die Beschreibung einer sozialen Choreographie könnte etwa die eskalierende Auseinandersetzung eines Paares (repetitive symmetrische Interaktionen von Aussage A — Aussage B) einschließen, bis zu dem Punkt, an dem vielleicht die Frau (A) ihren Mann schlägt. In diesem Moment verwandelt sich die Beziehung in eine komplementäre Beziehung, in der die Frau jetzt Hilfe für den verletzten Mann sucht. In unserem Beispiel ruft sie ihre Schwägerin und fragt sie, was zu tun ist. Dies führt zu einer neuen Auseinandersetzung mit der Schwägerin über die Frage, wer die Schuld am ganzen trägt — Mann oder Frau. Je mehr die Frau behauptet, ihr Mann hätte ihre Reaktion provoziert, desto mehr verteidigt die Schwägerin ihren Bruder. Wir haben nun ein neues Muster symmetrischer Interaktion, das wiederum zu weiteren Interaktionsmustern führen wird. Wir müssen allerdings bedenken, daß wir eine Sicht von der Choreographie interaktionaler Muster erschaffen haben, die eine Beteiligung von drei Personen einschließt. Wollten wir diesem Beispiel sozialer Choreographie eine Bedeutung geben, so könnten wir dies tun, indem wir von einer sozialen Struktur sprechen, wo eine gemeinsame Koalition von Bruder und Schwester gegen die Frau des Bruders besteht.

Ein weiteres Beispiel einer Analyse ist die klassische „Mann nörgelt — Frau zieht sich zurück"-Situation. Wir fangen damit an, daß wir einfache Handlungen beschreiben und ihnen Bedeutungen geben. Dem verbalen Verhalten des Mannes mit den begleitenden Körperbewegungen (Politik$_1$) wird die Bedeutung „nörgeln" zugebilligt (Semantik$_1$), während dem Gähnen und dem eingeschränkten Verbalverhalten der Frau (Politik$_1$) die Bedeutung „zurückziehen" zuerkannt wird (Semantik$_1$). Diese Bedeutungen (Semantik$_1$) bilden die Brücke zu einer Analyse anderer Ordnung, wo wir dazu übergehen, Interaktionen zu analysieren (Politik$_2$). Dieser politische Rahmen spezifiziert ein Alternieren zwischen nörgeln und zurückziehen (Beschreibung einer Interaktion), dem wiederum die Bedeutung oder Klassifikation der „komplementären Beziehung" (Semantik$_2$) gegeben wird. Diese Bedeutung höherer Ordnung (Semantik$_2$) bildet die Brücke, eine Ansicht von einer sozialen Ökologie zu schaffen. Die eskalierende komplementäre Interaktion des Paares kann kalibriert werden durch den Anruf eines Nachbarn, der sich beschwert, durch einen Angstanfall des Mannes oder durch ein Kind, das asthmatisch wird. Dieses Verständnis sozialer Choreographie vorausgesetzt (Politik$_3$), können wir dazu übergehen, der Beteiligung anderer Personen eine Bedeutung zu geben in Ausdrücken der Struktur triadischer sozialer Beziehungen (Semantik$_3$).

Dieses Beispiel hat wieder gezeigt, daß jede Beschreibung der Politik die Verwendung eines semantischen Rahmens erfordert, um sie zu spezifizieren und vice versa — jede Konstruktion einer Bedeutung verlangt einen politischen Rahmen, dem man Namen, Klassifikation, Form, Muster oder Bedeutung zuschreiben kann. Wir haben in diesem Sinne die Beziehung zwischen Semantik und Politik als eine Bewegung beschrieben, die sich von Verhalten über Interaktion zu sozialer Ökologie hinaufbewegt. Beziehungen können auch auf andere Weise konstruiert werden. Wenn beispielsweise jemand fragt, was unter der Bezeichnung symmetrische Beziehung zu verstehen ist, können wir zurückgehen und eine Beschreibung der interaktionalen Sequenz geben, d.h. A redet, B folgt mit Reden, woraufhin A noch mehr redet usw. Wenn dann jemand fragt, was wir unter dem Begriff reden verstehen, können wir noch einen Schritt weiter zurückgehen und sagen, wir haben den Namen „reden" für das Insgesamt einer spezifischen einfachen Handlung gewählt (mit dem Finger zeigen und rufen und springen etc.). Natürlich könnte nun jemand fragen, wie wir wissen, daß jemand „mit dem Finger zeigt". Wir könnten dann auf eine Ebene der Semantik ($Semantik_0$) verweisen, die Klassen neuromuskulärer Bewegungen bezeichnet, die wiederum mit einfachen Beschreibungen von Körperhaltungen und -bewegungen verbunden zu sehen sind ($Politik_0$). Das konzeptuelle Schema der Abbildung 1 beginnt allerdings erst mit einfachen Handlungen und setzt voraus, daß ein Beobachter weiß, was diese Beschreibungen **bedeuten.**

Manchmal entstehen Probleme, wenn Aussagen über Politik mit Aussagen über Semantik verwechselt werden und vice versa. Über „zurückziehen" (Semantik) zu sprechen, als wäre dies die Beschreibung einer einfachen Handlung (Politik), ist ein klassifikatorischer Fehler bzw. ein Irrtum logischer Typen. Wenn man entsprechend über die Beschreibung einer einfachen Handlung wie „gähnen" (Politik) redet, als ob dies eine Verhaltenskategorie wie „zurückziehen" (Semantik) wäre, dann ist dies ein kategorialer Fehler. Das heißt nun nicht, daß die Bezeichnung „zurückziehen" ausschließlich zu einem semantischen Rahmen gehört. Wie wir gesehen haben, kann dieser Begriff verwendet werden, ein politisches Verständnis der Interaktion zu konstruieren. Auf dieser Ebene der Beobachtung ist es unmöglich, jemanden zu sehen, der sich zurückzieht, ohne eine zweite Person zu sehen, die eine Reihe von Handlungen ausführt, die zum „zurückziehen" passen — z.B. „nörgeln". Eine interaktionale Auffassung sieht daher ein „nörgeln-zurückziehen"-Interaktionssystem. Die Bezeichnung „zurückziehen" irrtümlich als Beschreibung einer einfachen Handlung einzuordnen, kann dazu führen, Personen als „Zurückzieher" oder mögliche „Nörgler" zu beschreiben, ohne sich um das Interaktionsmuster zu kümmern, aus dem heraus diese Begriffe abstrahiert worden sind.

Ebenen der Unterscheidung

Es gibt viele unterschiedliche therapeutische Strategien, die bestimmte Wege vorschreiben, sich um Verhalten, Interaktion und soziale Ökologie zu kümmern (oder nicht). So verwenden Problemlösungs-Strategien beispielsweise semantische Rahmen einfacher Handlungen (S_1), um eine (An-)Sicht der „Probleme" und der „versuchten Lösungen" zu konstruieren. Indem Therapeuten Klienten auffordern, ein „Problem" für die Behandlung zu präsentieren, verlangen sie, daß eine Beschreibung einer einfachen Handlung als Problem kategorisiert wird. Anders gesagt, die Bezeichnung „Problem“ ist keine Beschreibung einer einfachen Handlung — sie ist ein Name, der einem System einfacher Handlungen eine Bedeutung verleiht.

Behandelt man „Ehestreit“ als ein „Problem“, so schließt dies zwei semantische Rahmen von Beschreibungen einfacher Handlungen ein. Z.B. wird eine Beschreibung einer Verhaltenssequenz von Ehemann und Ehefrau „Streit“ genannt, der wiederum als „Problem“ klassifiziert und bezeichnet wird. Da diese beiden semantischen Rahmen zur selben Klasse gehören (Benennen einfacher Handlung), können wir sie dementsprechend $S_{1.1}$ und $S_{1.2}$ nennen. Nehmen wir an, dies sei noch nicht alles, sondern das wirkliche „Problem“ ($S_{1.3}$) ihres Streites schließt ein, daß „die Frau ihre Beherrschung verliert und ihren Mann schlägt“. Sie schließen nun mit dem Therapeuten einen Vertrag, um eine Änderung eben dieser Situation zu erreichen.

Auf der Ebene einfacher Handlungen können wir feststellen, daß ein solcher therapeutischer Vertrag eine grundlegende Unterscheidung vorschreibt, die eine spezifische therapeutische Wirklichkeit zu entwickeln und zu organisieren beginnt. Alle nun folgende Kommunikation wird sich nämlich um die Unterscheidung drehen: Schlagen/kein Schlagen. Weitere Berichte darüber, daß die Frau ihren Mann schlägt, werden als Anzeichen gewertet, daß das Problem noch besteht, während jeder Bericht, der einen Abbau des Schlagens beinhaltet, als Schritt in Richtung Problemverringerung gesehen wird.

Diese Perspektive, die von der Interaktion ausgeht, macht uns sofort klar, daß das Schlagen der Frau nur ein Ausschnitt aus einem Interaktionsmuster ist, das Mann und Frau gleichermaßen einbezieht. Hier wird auch deutlich, daß jeder Versuch, lediglich den Beitrag der Frau an der Interaktion zum Verschwinden zu bringen, oft zu etwas führt, was dann als Gegenzug von Mann oder Frau erscheint. Führt das Befolgen einer Intervention, die das Schlagen der Frau beenden soll, zu einem Interaktionsmuster, daß die Frau ihren Mann nicht nur schlägt, sondern schwer prügelt (oder daß der Mann auch anfängt, seine Frau zu schlagen), so können wir leicht den semantischen Rahmen anbieten, daß die versuchte Lösung die problematische Interaktion aufrechterhält (oder gar eskalieren läßt).

Was auf der politischen Ebene einfacher Handlungen als Auseinandersetzung zwischen den beiden Seiten einer Unterscheidung erscheint, z.B. „schlagen/nicht schlagen“, läßt sich auf der nächsthöheren politischen Ebene als Interaktionsmuster wahrnehmen. Unterscheidungen auf einer politischen Ebene, die durch eine entweder-oder-Logik der Negation verbunden scheinen (z.B. A/nicht-A), können auf der nächsthöheren politischen Ebene als eine Seite einer umfassenderen Unterscheidung gesehen werden, in der beide Seiten rekursiv verbunden sind, d.h. jede Seite ist aus der jeweils anderen abgeleitet:

Muster der Organisation / (A/nicht-A)

Wir wollen noch einmal unser Beispiel betrachten:

Mann-Frau-Interaktion / (schlagen/nicht schlagen)

wo der Unterschied zwischen Schlagen und Nicht-Schlagen der Frau zur Organisation der ehelichen Interaktion beiträgt.

Im Grunde ist das Schlagen der Frau ganz einfach ein Verhalten, das dieses Interaktionssystem verwendet, sich selbst zu kalibrieren, d.h. sich von einer eskalierenden symmetrischen Beziehung zu einer komplementären zu verändern. Das sogenannte „Verhaltensproblem“ ist dementsprechend eine Lösung für ein Interaktionsproblem. Wird das Schlagen der Frau zum Verschwinden gebracht, so muß eine andere Form der Kalibrierung gefunden werden. Es scheint möglich, wie wir bereits erwähnt haben, das Schlagen zum Verschwinden zu bringen und zu erleben, daß die Interaktion des Paares durch ein noch gewaltsameres Verhalten kalibriert wird. Das Therapieziel besteht darin, eine angemessenere und nützlichere Form der Kalibrierung ihrer Interaktion zu erfinden und die Situation nicht zu verschlimmern.

Legt man eine solche interaktionale Perspektive zugrunde, dann unterscheidet sich die Auffassung des Therapeuten über das zu behandelnde Problem von der der Klienten. Die Klienten sehen ihre Probleme meist auf der Ebene einfacher Handlungen (z.B. Bestehen des Problems/Nichtbestehen des Problems), während der Therapeut das „Problem“ als Interaktionsmuster auffaßt.

Diese allgemeine Vorstellung, daß das, was auf der einen Ebene als entweder-oder-Unterscheidung erscheint, auf einer anderen Ebene als Muster einer Organisation gesehen werden kann, gibt uns erste Hinweise, wie therapeutische Wirklichkeiten konstruiert werden können. Wir haben bereits ein Beispiel erwähnt. Insbesondere haben wir die Beziehung zwischen Interaktion und einfacher Handlung diskutiert:

Interaktion (Ebene 2)	Verhaltensmuster
einfache Handlung (Ebene 1)	(Problemverhalten/kein Problemverhalten)

wobei eine entweder-oder-Beziehung auf der Ebene einfacher Handlungen (z.B. Problemverhalten/kein Problemverhalten) zu einer Seite einer umfassenderen rekursiven Unterscheidung zwischen Interaktion und einfacher Handlung wird:

Interaktion / einfache Handlung

die für diesen speziellen Fall so definiert wird:

Interaktionsmuster / (Problemverhalten / kein Problemverhalten)

Entweder-oder-Beziehungen auf der Ebene von Interaktionen können entsprechend als eine Seite einer umfassenderen rekursiven Unterscheidung zwischen sozialer Ökologie und Interaktion gesehen werden:

soziale Ökologie (Ebene 3)	Muster sozialer Choreographie
Interaktion (Ebene 2)	(Probleminteraktion / keine Probleminteraktion)

wo die entweder-oder-Beziehung auf der Ebene der Interaktion zu einer Seite der Unterscheidung zwischen sozialer Ökologie und Interaktion wird, was sich so darstellen läßt:

Muster sozialer Choreographie / (Probleminteraktion/ keine Probleminteraktion)

Stabilität und Änderung

Dieses allgemeine Verständnis der Struktur therapeutischer Wirklichkeiten eröffnet uns viele verschiedene Wege, mit gestörten Systemen zu arbeiten. Die meisten Klienten sitzen auf der Ebene fest, wo sie versuchen, ein spezifisches Verhaltensmuster zu beseitigen. Legen wir die hier entwickelte Perspektive an, so kann sich der Therapeut entschließen, die Bemühungen des Klienten zu unterstützen und andere Möglichkeiten anbieten, das Problemverhalten direkt zu beseitigen. Oder der Therapeut wechselt auf die Ebene der Interaktion oder der sozialen Ökologie und findet alternative Interventionsmöglichkeiten.

Klienten gehen gewöhnlich davon aus, daß ein Problemverhalten geändert und somit das Fehlen des Problems stabilisiert wird:

Stabilisieren des Fehlens eines Problems / Änderung des Vorhandenseins eines Problems

Ein Therapeut kann die Therapie organisieren, ein sogenanntes Verhaltensproblem zu stabilisieren und dabei zugleich zu versuchen, ein Interaktionsmuster zu ändern. Eine derartige Strategie kann dann zu einer Problemverringerung führen, die auf der Ebene einfacher Handlungen paradox scheinen mag. Wir müssen uns in Erinnerung rufen, daß die Unterscheidung „Stabilisieren des Fehlens eines Problems / Änderung des Vorhandenseins eines Problems" aus der Verhaltensperspektive konzeptualisiert worden ist. Aus einer Interaktionsperspektive wird diese Unterscheidung so formuliert:

Stabilisieren interaktionaler Vorteile des Problemverhaltens / Änderung interaktionaler Nachteile des Fehlens des Problemverhaltens

Das klassische Beispiel aus der Familientherapie betrifft das Problemverhalten eines Kindes, das eine Möglichkeit herstellt, die Eltern aufgrund ihrer gemeinsamen Bemühungen, dem „gestörten Kind" zu helfen, zusammenzubringen. Ob das sogenannte Problem ein Vorteil oder Nachteil ist, hängt von der jeweils eigenen Perspektive ab. Auf der Ebene einfacher Handlungen ist es eher ein „Problem" oder ein „Nachteil", während es auf der Ebene der Interaktion als „Vorteil" oder „Lösung" erscheinen kann.

Die Verwendung von Symptomen als Mittel der Symptombeseitigung erscheint nur dann paradox, wenn man es von der Ebene einfacher Handlungen aus betrachtet. Ein Therapeut, der ein Symptom als Mittel verschreibt, die interaktionalen Vorteile, die es schafft, zu stabilisieren, konstruiert einen Kontext, in dem es dem System möglich ist, in eine alternative Organisationsform zu evolvieren.

Ein Interaktionsmuster läßt sich auch dann stabilisieren, wenn eine Änderung auf der Ebene sozialer Choreographie versucht wird. Diese Strategie kann schließlich zu einer Änderung der Interaktion wie auch des Verhaltens führen, die aus der Perspektive von Interaktion und Verhalten selbst als indirekte (und vielleicht paradoxe) Folge der therapeutischen Strategie erscheint.

Das heißt, Therapie schließt ein, Änderung und Stabilität semantischer und politischer Rahmen auf den verschiedenen rekursiven Ebenen von Verhalten, Interaktion und sozialer Ökologie anzusprechen. Jede einzelne therapeutische Strategie schreibt spezifische Möglichkeiten vor (und beachtet andere manchmal nicht), wie diese verschiedenen Ebenen von Politik und Semantik zu handhaben sind. An anderer Stelle (KEENEY & ROSS 1985) haben wir bekannte Ansätze systemischer Familientherapie in Hinblick auf die wesentlichen Unterscheidungen und Muster, die sie schaffen, beschrieben. So betont ein MRI-Ansatz z.B. das Verständnis problematischer Situationen (semantischer Rahmen für den Therapeuten) in Ausdrücken einer komplementären Beziehung zwischen Problemen und versuchten Lösungen. Um problematische Lösungen zu ändern, wird oft das folgende politische Muster, Therapie zu organisieren, beschrieben:

Stabilisieren der Problemdefinition / Ändern der Klasse der Lösung

Ein Klient, der sich z.B. über Sprechangst beklagt, könnte aufgefordert werden, den Zuhörern mitzuteilen, daß er Angst hat, vor Leuten zu sprechen, daß er jede mögliche Lösung versucht und daß nichts geholfen hat. Dann soll er die Zuhörer bitten, ihn zu ertragen und nicht schockiert oder überrascht zu sein, wenn er in Schweiß ausbricht oder ohnmächtig wird. Die Struktur dieser Intervention richtet sich darauf, die Definition des Problems als Sprechangst zu stabilisieren und zugleich eine Änderung in der Klasse der Lösung vorzuschreiben — in diesem Falle eine Lösung, die öffentlich macht, daß er alle Lösungen und Versuche aufgegeben hat.

JAY HALEYs Strategie, Therapie zu konstruieren, schreibt eine andere Form vor, problematische Situationen zu verstehen (semantischer Rahmen für den Therapeuten). Anfangs hebt er die komplementäre Beziehung hervor zwischen einem Problem und der sich wiederholenden sozialen Sequenz, in die es eingebettet ist. Dann verschreibt er oft politische Interventionen, die folgende Struktur einbeziehen:

Stabilisieren der Problemdefinition / Änderung der sozialen Struktur

In einem klassischen Fall war das Problem ein Kind, das Feuer legte. Der Therapeut stabilisierte diese Definition des Problems und bemühte sich, die soziale Struktur zu verändern, indem er die Mutter und das Kind stärker aufeinander bezog. Dies wurde dadurch erreicht, daß sich die Mutter jeden Tag einige Zeit mit dem Kind zusammensetzen mußte, um es zu lehren, ein sicheres Feuer zu legen.

Gehen wir zu unserer rekursiven Dialektik von Semantik und Politik zurück (Abb. 1), dann lassen sich alle Therapien so sehen, daß sie einerseits ein semantisches Verständnis vorgeben, wie eine problematische Situation aufzufassen ist und andererseits ein politisches Muster vorschreiben, wie man handeln und intervenieren soll, um therapeutische Änderungen hervorzubringen. Therapeuten organisieren sich selbst, um die Bedeutung und / oder Politik sozialer Choreographie, Interaktion oder einfacher Handlungen zu stabilisieren oder zu ändern. Wie bereits erwähnt, richten sich MRI- und Haley-Therapien verstärkt darauf, die Semantik einfacher Handlungen daraufhin zu stabilisieren, welches Problemverhalten angesprochen wird. MRI richtet sich bei Änderungen darauf, das politische Interaktionsmuster zu ändern, indem es sich an die Klasse einfacher Handlungen richtet, die als Lösungsverhalten verstanden wird. Demgegenüber betont Haley die politische Änderung sozialer Choreographie — aber durch strikte Konzentration auf das Problemverhalten. Silversteins Ansatz (vgl. Keeney & Silverstein 1986) wie auch der des Mailänder Teams (vgl. Keeney & Ross 1985) stellen die Dinge auf den Kopf, indem sie eine Hypothese oder Erklärung der Bedeutung der sozialen Choreographie eines Familiensystems (Semantik) einbringen und stabilisieren, und so versuchen, die Bedeutung oder Konnotation des Problemverhaltens zu ändern, was dann wiederum zu politischen Änderungen führt.

Wie man sieht, läßt sich jede therapeutische Schule oder jede einzelne Sitzung dahingehend untersuchen, wie Semantik und Politik konstruiert und gehandhabt wird. Auf diese Weise kann man ein Verständnis der vielfältigen Möglichkeiten, therapeutische Wirklichkeiten zu konstruieren, erlangen.

Therapeutische Ergebnisse

Unabhängig von Zielen und Absichten des Therapeuten (was die therapeutische Wirklichkeit angeht) sind für jeden einzelnen Fall viele verschiedene Ergebnisse denkbar. Die Klassen therapeutischer Ergebnisse lassen sich folgendermaßen zusammenfassen:

(1) Semantik glcich
Politik gleich

(2) Semantlk anders
Politik gleich

(3) Semantik gleich
Politik anders

(4) Semantik anders
Politik anders

Der altbekannte Witz über den Klienten, der nach zehn Jahren intensiver Psychoanalyse feststellt: „Ich habe immer noch das gleiche Problem, aber ich verstehe es jetzt wirklich", ist ein Beispiel für die Kategorie, wo sich Semantik geändert hat, Politik aber unverändert geblieben ist. Alle Therapeuten wissen nur zu gut, daß Klienten manchmal weder semantische noch politische Änderungen zeigen (Ergebnis$_1$), während andere sowohl semantische wie politische Änderungen erkennen lassen (Ergebnis$_4$). Therapeuten selbst betonen manchmal, daß sie bemüht sind, spezifische Ergebnisse zu erzielen. Strategische Therapeuten zeigen gelegentlich, wie es möglich (und vielleicht sogar wünschenswert) ist, sich auf eine Änderung des politischen Musters, das das Problemverhalten organisiert, zu konzentrieren ohne gleichzeitige Änderung im Verständnis der Klienten von ihrer Situation (Semantik). Andere Therapeuten sind bemüht, Änderungen sowohl in bezug auf Semantik wie auch Politik zu erreichen. Wir haben bereits darauf hingewiesen, daß SILVERSTEIN ebenso wie das Mailänder Team eine Änderung der Politik durch eine Änderung der Semantik anstrebt.

Interventionsmuster

Therapeutische Wirklichkeiten werden durch die Konstruktion und Handhabung spezifischer semantischer und politischer Rahmen geschaffen. Kurz gesagt, die Arbeit des Therapeuten schließt ein, Änderung oder Stabilität der semantischen und politischen Rahmen, die in der Therapie präsentiert werden, zu verschreiben. Das Muster, das die semantischen und politischen Bausteine jedes therapeutischen Ansatzes organisiert, weist den Therapeuten an, wie er Klienten politisch vorschreibt, was geändert und was stabil bleiben soll. Die Art und Weise, wie derartige Verschreibungen und Interventionen den Klienten präsentiert und dargeboten werden, erfordert normalerweise irgendeine Erklärung oder Begründung für die Klienten. Diese Erklärung oder Begründung ist ein semantischer Rahmen der politischen Verschreibung des Therapeuten. Die allgemeine Struktur therapeutischer Interventionen läßt sich folgendermaßen beschreiben:

Verschreibung von Stabilität /	Verschreibung von Änderung /	Verschreibungen, dargeboten durch einen semantischen Rahmen
Politik		Semantik

Die rechte Seite, „Semantik“, wurde anderenorts „bedeutsames Rauschen“ genannt (KEENEY & ROSS 1985), um zu verdeutlichen, daß die Präsentation einer Intervention für Klienten (und dementsprechend auch für Therapeuten) bedeutsam sein muß, aber in dem Sinne Rauschen darstellt, daß sich daraus jede mögliche Bedeutung konstruieren läßt. Der Begriff „bedeutsames Rauschen“ wurde auch deshalb gewählt, um die beiden Komponenten des stochastischen Prozesses anzugeben — ein Element des Zufälligen („Rauschen“) und ein Element der Selektion (ein Beobachter, der „Bedeutung“ schafft). Diese Definition schreibt die politische Seite des bedeutsamen Rauschens vor, indem sie anzeigt, daß sie selbst aus eben diesem Prozeß der adaptiven Änderung besteht — dem stochastischen Prozeß.

Genauer gesagt, die rekursive Organisation von Änderung und Stabilität ist das allgemeine Muster, das in/durch Therapie zu ändern versucht wird. Eine Änderung der Art, wie sich ein System ändert, um seine Stabilität effektiver und angepaßter zu stabilisieren, ist eine Möglichkeit, Ziel und Zweck stochastischen Lernens und therapeutischen Wandels zu definieren (vgl. Bateson 1979). Diese Änderung der Änderung und diese Stabilität der Stabilität kann so dargestellt werden:

(Stabilität / Änderung) **/** (bedeutsames Rauschen)

Die linke Seite (Stabilität/Änderung) bezieht sich auf die Stabilität der Autonomie, Identität und Existenz des gesamten Systems, während bedeutsames Rauschen sich auf die Konstruktion alternativer Möglichkeiten bezieht, eine solche Stabilität durch Änderung zu erreichen. Diese Definition haben wir in anderen Arbeiten umfassender erläutert (Keeney 1983, Keeney & Ross 1985, Keeney & Silverstein 1986).

Abbildung 3 auf Seite 32 gibt eine Zusammenfassung möglicher Muster, therapeutische Interventionen zu organisieren. Ein Therapeut kann Stabilität oder Änderung semantischer oder politischer Rahmen auf drei Ebenen der Rekursion verschreiben — einfache Handlung, Interaktion und soziale Ökologie. In diesem Schema haben MRI-Intervention oft folgendes Aussehen:

(S_1/P_2) **/** bedeutsames Rauschen

Ein semantischer Rahmen einfacher Handlung (das konstruierte Problem, an dem zu arbeiten ist) wird stabilisiert, während Änderung auf die Klasse einfacher Handlungen zielt (z.B. Klasse der versuchten Lösungen) oder zutreffender: auf Interaktionsmuster. Die Begründung, diese Änderung in Hinblick auf Politik zu verschreiben (bedeutsames Rauschen) ergibt sich aus Erklärungen, die sich darauf beziehen, daß die Aufgabe eine Möglichkeit ist, das Problem zu lösen.

INTERVENTIONSMUSTER											
Einfache Handlung				Interaktion				Soziale Ökologie			
Semantik (S_1)		Politik (P_1)		Semantik (S_2)		Politik (P_2)		Semantik (S_3)		Politik (P_3)	
Stabilität	Änderung	Stabilität	Änderung	Stabilität	Änderung	Stabilität	Änderung	Stabilität	Änderung	Stabilität	Änderung
S_1 / P_1*	P_1 / S_1	P_1 / S_1	S_1 / P_1	S_2 / S_1	S_1 / S_2	P_2 / S_1	S_1 / P_2	S_3 / S_1	S_1 / S_3	P_3 / S_1	S_1 / P_3
S_1 / S_2	S_2 / S_1	P_1 / S_2	S_2 / P_1	S_2 / P_1	P_1 / S_2	P_2 / P_1	P_1 / P_2	S_3 / P_1	P_1 / S_3	P_3 / P_1	P_1 / P_3
S_1 / P_2	P_2 / S_1	P_1 / P_2	P_2 / P_1	S_2 / P_2	P_2 / S_2	P_2 / S_2	S_2 / P_2	S_3 / S_2	S_2 / S_3	P_3 / S_2	S_2 / P_3
S_1 / S_3	S_3 / S_1	P_1 / S_3	S_3 / P_1	S_2 / S_3	S_3 / S_2	P_2 / S_3	S_3 / P_2	S_3 / P_2	P_2 / S_3	P_3 / P_2	P_2 / P_3
S_1 / P_3	P_3 / S_1	P_1 / P_3	P_3 / P_1	S_2 / P_3	P_3 / S_2	P_2 / P_3	P_3 / P_2	S_3 / P_3	P_3 / S_3	P_3 / S_3	S_3 / P_3

* *S_1 / P_2: Semantik$_1$ stabil / Politik$_1$ verändert*

Abb. 3: Interventionsmuster

Eine wesentliche Interventionsform Haleyscher therapeutischer Wirklichkeit folgt der Form:

$$(S_1/P_3)\ /\ \text{bedeutsames Rauschen}$$

Hier wird — wie beim MRI-Ansatz — eine Problemdefinition stabilisiert, während eine Änderung der sozialen Ökologie mittels Anweisungen versucht wird, die der Familie so erklärt werden (bedeutsames Rauschen), daß sie mit einer Problemlösung in Verbindung stehen. Minuchins Strategie unterscheidet sich von Haleys grundlegend darin, daß keine rigiden Begrenzungen in bezug auf die Stabilisierung einer Problemdefinition bestehen (vgl. Keeney & Ross 1985). Minuchin läßt es zu, daß der semantische Rahmen, der stabilisiert wird, driftet und er akzeptiert die Definition der Familie darüber, was passiert (S_1, S_2 und S_3), während er sich bemüht, die soziale Struktur zu verändern (P_3). Minuchins Interventionsform läßt sich folgendermaßen definieren:

$$\overbrace{(S_1 — S_2 — S_3}/P_3)\ /\ \text{bedeutsames Rauschen}$$

Der Mailänder Ansatz ist praktisch ein Spiegelbild von Haleys Strategie:

$$(P_1/S_3)\ /\ \text{bedeutsames Rauschen}$$

Stabilität des präsentierten Problems wird verschrieben und erklärt als eine Folge der alternativen semantischen Interpretation der Bedeutung des sozialen Musters ihrer Choreographie durch den Therapeuten (S_3). Silversteins systemischer Ansatz (vgl. Keeney & Silverstein 1986) unterscheidet sich folgendermaßen vom Mailänder Vorgehen:

$$(\text{Stabilisieren von } P_1 \text{ und } P_2\ /\ \text{Ändern von } S_3)\ /\ \text{bedeutsames Rauschen}$$

Sie legt das Schwergewicht darauf, Stabilität der Interaktionsmuster zu verschreiben, die durch eine alternative semantische Interpretation der sozialen Ökologie erklärt wird.

Mit Hilfe spezifischer Muster und Interventionen setzen Therapeuten semantische und politische Rahmen dazu ein, eine therapeutische Wirklichkeit zu konstruieren. Das folgende Beispiel soll verdeutlichen, wie eine therapeutische Wirklichkeit durch das Verschreiben von Änderung und Stabilität semantischer und politischer Rahmen konstruiert wird.

Konstruktion einer therapeutischen Wirklichkeit: Ein Fallbeispiel

Der Autor führte diese Therapie, die drei Sitzungen umfaßte, 1980 am „Department of Child Development and Family Studies" der Purdue-Universität durch. Sie diente als Beispiel für die Konstruktion einer kurzen, problemlösenden therapeutischen Wirklichkeit. Die anfangs geäusserte Klage (semantischer Rahmen) betraf Eltern, die Schwierigkeiten mit ihrem 18jährigen Sohn hatten. Der Vater, Professor für Landwirtschaft, und die Mutter, Krankenschwester an der Universitätsklinik, hatten die Qualen eines rebellierenden Teenagers erfahren, der sie respektlos behandelte, sich weigerte, seine häuslichen Pflichten zu erfüllen und pünktlich zu Hause zu sein, der — um ihre Worte zu benutzen — „verloren und unglücklich" war.

Die erste Sitzung wurde zunächst dahingehend organisiert, daß sie eine gemeinsame, allgemeine wie auch spezifische Definition des Problems fanden, das bearbeitet werden sollte. Diese semantischen Rahmen wurden als Grundlage konstruiert, den Verlauf der Therapie zu steuern. Beide stimmten zu, mit dem Therapeuten daran zu arbeiten, „ihren Sohn zu disziplinieren", damit er „seine häuslichen Pflichten erfüllt". Die Eltern meinten, es sei im Moment am vordringlichsten, daß er auf ihrer Farm ein Wasserrohr installiert.

Daraufhin wurden eine ganze Reihe semantischer Rahmen konstruiert. Mit ihrem ersten Anruf definierte die Mutter ihr Problem — semantisch — so, daß sie und ihr Mann „Schwierigkeiten mit ihrem 18 Jahre alten Sohn" hätten. Dieser semantische Rahmen ihrer sozialen Ökologie (S_3) wurde in einen allgemeinen therapeutischen Kontrakt eingebracht, der Therapie als Vorgehen definierte, ihnen zu helfen, ihren Sohn zu disziplinieren ($_{3.1}$) und insbesondere „ihn dazu zu bringen, seine häuslichen Pflichten zu erfüllen" ($S_{3.11}$). Die Eltern hatten schließlich anzugeben, welche spezifische Aufgabe er in den nächsten Wochen erledigen sollte. Therapie wurde daraufhin so definiert, „ihren Sohn dazu zu bringen, ein Wasserrohr zu installieren" ($S_{3.111}$). Aus diesen ständig veränderten semantischen Rahmen entwickelte sich ein spezifischer Problemfokus. Im weiteren Verlauf der Sitzung wurden die Informationen, die sich nicht unmittelbar auf die Semantik oder Politik dieser spezifischen Problemdefinition bezogen, abgeblockt. Anders gesagt, der therapeutische Vertrag, der definierte, was bearbeitet werden sollte, diente als Kompaß, der half, Therapie als problemlösende Wirklichkeit zu organisieren.

Im nächsten Abschnitt der ersten Sitzung ging es darum herauszufinden, welche Lösungen die Eltern bereits versucht hatten. Es stellte sich heraus, daß beide ihn angebrüllt und daß die Mutter es auch mit Bestechung und Weinen versucht hatte. Schritt für Schritt entstand eine Verhaltensbeschreibung dieser problemlösenden Bemühungen (politischer Rahmen). Bei diesem Vorgehen drückten beide Eltern wiederholt ihre Verwirrung über ihre Situation aus, indem sie sagten, sie hätten „etwas Derartiges" noch niemals in ihren eigenen Familien gesehen.

Gegen Ende unterbrach der Therapeut die Sitzung, um sich mit einem Kollegenteam[1] zu beraten, das den Fall durch die Einwegscheibe beobachtete.

Der Therapeut kam zurück und es entstand die folgende Sequenz:

Therapeut: Zuerst muß ich Ihnen sagen, meine Kollegen möchten Ihnen gratulieren, daß Sie die wichtige Sache, an der gearbeitet werden muß, so klar betonen, das heißt, sich auf Sie beide zu konzentrieren, damit Sie Ihren Sohn zur Ordnung anhalten — daß er insbesondere seine häuslichen Pflichten erfüllt. Ich möchte, daß Sie beide diese Woche Ihren Sohn dazu anhalten, die Wasserrohre auf die Farm zu bringen. Sie müssen entscheiden, wann er diese Aufgabe erledigt haben muß und wann Sie es ihm sagen. Der erste Ratschlag, den wir Ihnen geben möchten, ist der, daß Sie sich an all die Versuche erinnern, die nichts gebracht haben . . . an all das, was Sie schon versucht haben, das Schreien, Weinen und Betteln. Wir möchten nicht, daß Sie irgendetwas davon auf dieselbe Weise wieder tun, weil Sie wissen, daß das nicht funktioniert. Unsere Aufgabe ist die, wie kommen wir auf etwas anderes, das funktioniert. Ich möchte Ihnen eine Möglichkeit aufzeigen, wie Sie vielleicht eine Antwort finden können. Wir können Ihnen diese Antwort nicht geben. Sie können sie nur selber finden, aber wir möchten Ihnen dabei helfen. Wir möchten, daß Sie beide über die Familien nachdenken, in denen Sie aufwuchsen und darüber, was Ihre Eltern wohl mit Ihnen gemacht hätten, wenn Sie sich so verhalten, wie es Ihr Sohn jetzt tut. So, wie Sie es uns gesagt haben, war das, was Ihre Eltern machten, wirksam. Die Hilfe, die wir Ihnen diese Woche geben können, ist die,

---

[1] Die Kollegen/innen waren Douglas SPRENKLE, Cheryl STORM und Michael WARNER

daß Sie beide darüber nachdenken, was Ihre Eltern wohl gemacht hätten. Sie können darüber miteinander reden, aber wir wollen, daß Sie unter **keinen** Umständen Ihren Kindern irgendetwas von dieser Möglichkeit oder von dieser Aufgabe sagen. All dies ist nur eine Hilfe für Sie beide ganz allein. Haben Sie zu dieser Aufgabe noch Fragen?

Kommentar:

Der Therapeut formuliert zuerst noch einmal den therapeutischen Vertrag — den Eltern zu helfen, ihren Sohn zu disziplinieren. Dies bestärkt die therapeutische Wirklichkeit, die als Kontext des Problemlösens konstruiert worden ist. Es wird dann eine Aufgabe gegeben, die sich auf das bezieht, was die Eltern als die wichtigste, zu erledigende Aufgabe bezeichnet haben. Die bisherige Klasse der Lösungen wird als uneffektiv herausgestellt und eine Änderung ihrer Problemlösungsbemühungen gefordert. Die Möglichkeit, daß die Eltern über ihre Herkunftsfamilien nachdenken, etwas, was sie selber in die Sitzung einbrachten, schafft eine Quelle für bedeutsames Rauschen.

Stabilität wird angesprochen, indem den Eltern gesagt wird, ihren Sohn weiterhin anzuhalten, seine Pflichten zu erfüllen, in diesem Falle also, ihn aufzufordern, die Wasserrohre zu installieren. Änderung zielt auf eine andere Klasse von Lösungen. Ihre Beschreibungen dessen, was sie bereits alles getan haben, enthüllt ein Muster sozialer Choreographie (P_3), das so aussieht, daß die Mutter, die weiß, daß beide mit ihrem Sohn wegen seines (Un-)Gehorsams streiten, alleine versucht, ihn durch Weinen und Geld zu überzeugen. Eine Veränderung des Musters sozialer Choreographie, das sich um Lösungsverhalten dreht aufgrund der genannten Intervention, muß ein Arrangement (er-)schaffen, wo Mutter und Vater sich in ihren Bemühungen, ihren Sohn zu ändern, ständig zusammentun müssen. Dies wird dadurch erreicht, daß ihnen gesagt wird, ihre Möglichkeiten und auch alle Informationen über die Therapie vor den Kindern geheim zu halten. Die Begründung dieser Aufgabe ergibt sich aus dem bedeutsamen Rauschen — daß sie über ihre eigenen Herkunftsfamilien nachdenken sollen. Die Struktur dieser Intervention kann folgendermaßen zusammengefaßt werden:

Stabilität	*Änderung*	*bedeutsames Rauschen*
Eltern werden aufgefordert, ihren Sohn dazu zu bringen, eine Aufgabe zu erledigen	*Eltern wird gesagt, etwas anderes zu tun (an eine Möglichkeit gekoppelt, die gemeinsames Handeln erfordert)*	*Möglichkeit gemeinsamen Nachdenkens über Herkunftsfamilien*

Vater: Ich glaube, das ist alles klar. Über eine Sache dachte ich nach, nämlich, wie ich vor meinem Vater Angst hatte und ich wollte nichts tun, das . . .

Therapeut: Entschuldigen Sie, ich muß Sie hier unterbrechen. Erstens, unsere Zeit ist um. Aber was viel wichtiger ist: alles das, was Ihnen dazu einfällt, soll ausschließlich zwischen Ihnen beiden besprochen werden. Wir möchten jetzt nicht darüber reden. Um uns zu vergewissern, daß Sie die Aufgabe verstanden haben, möchten wir Sie bitten, die Aufgabe für uns zu wiederholen.

> ***Kommentar:***
> *Politisch gesehen, kontrolliert der Therapeut Informationen auf eine Weise, die die Reaktion des Vaters dazu verwendet, die Wichtigkeit der gemeinsamen Beteiligung von Vater und Mutter an der Lösung des Problems zu verdeutlichen.*

Vater: Wir sollen daran gehen, unseren Sohn zu disziplinieren und diese Möglichkeit nutzen, um zu sehen, ob wir auf etwas kommen, das wirksam ist.

Therapeut: Ich möchte auf etwas hinweisen, das es noch deutlicher macht. Diese Woche gibt es nur ein Ergebnis, an dem wir interessiert sind. Alles, worum wir uns Gedanken machen, ist, daß Sie beide Ihren Sohn dazu bringen, dieses Wasserrohr zu installieren. Kümmern Sie sich um nichts anderes. Um darüber nachzudenken, was sie anderes tun können, haben Sie die Möglichkeit, über die wir gesprochen haben. Ich möchte mich noch klarer fassen. Denken Sie darüber nach, was Ihre Eltern getan hätten, damit Sie diese Aufgabe erledigen.

Vater: Ich weiß schon, wie man's macht! (Mutter und Vater lachen)

Therapeut: Sagen Sie es mir nicht. Sie beide sollen alleine darüber reden. Okay? Wir sehen uns nächste Woche.

Kommentar:
Problemlösungsansätze verlangen oft, daß Klienten wiederholen, wie sie die Aufgabe verstanden haben, um zu prüfen, ob sie wissen, was von ihnen erwartet wird. Darüberhinaus bieten die Reaktionen des Therapeuten auf ihre Neuformulierungen eine Möglichkeit, besonders bedeutsame Mitteilungen hervorzuheben. Diese Interaktion hilft mit, die Art und Weise zu festigen, in der die therapeutische Wirklichkeit organisiert und aufrechterhalten wird.

Sitzung 2

Die Eltern berichten zunächst, daß es die ganze Woche geregnet hat, so daß es ihrem Sohn nicht möglich war, die Wasserrohre zu installieren.

Therapeut: Können Sie sich ganz genau daran erinnern, wie Sie Ihren Sohn aufforderten, die Wasserrohre fertig zu machen?

Kommentar:
Ganz gleich, welche Informationen die Familie dem Therapeuten präsentiert, diese Form therapeutischer Wirklichkeit wird um die Frage organisiert, was mit der Aufgabe geschah. Die übrige Information wird als Hintergrund gesehen, wie interessant, emotional aufregend oder amüsant sie auch sein mag. Die Verantwortlichkeit des Therapeuten schließt auch ein, daß er sich von Informationen, die von der Kalibrierung, die durch den therapeutischen Vertrag festgelegt wurde, wegführen, nicht ablenken oder verführen läßt.

Vater: Mit ganz normaler Stimme, wie immer, sagte ich „Es muß getan werden; da unten läuft Wasser rein; es wird in die Boxen laufen und wir werden dann nicht den Filter einbauen können, der da rein muß . . . es ist eine Arbeit, die getan werden muß."

Therapeut: Ist das so, wie es Ihr Vater Ihnen gesagt hätte?

Kommentar:
Eine Quelle bedeutsamen Rauschens wird erneut eingebracht.

Vater: Wir haben uns darüber Gedanken gemacht und konnten uns nur daran erinnern, daß er es mir eben einfach nur sagte. Ich glaube nicht, daß er jemals daran dachte, etwas erklären zu müssen. Er sagte nur „tu das" und wünschte, daß es gleich gemacht wurde.

Therapeut: (zur Mutter): Konnten Sie Ihrem Mann helfen?

Mutter: Mein Vater war Landwirt und ich hatte einen älteren Bruder und ich versuchte mir klar zu werden, wie er meinen Bruder dazu brachte, die Sachen zu machen, die er gemacht haben wollte. Ich bin mir nicht recht klar geworden, wie er das machte, weil es immer dann passierte, wenn sie draußen auf dem Feld waren. Ich erinnere wohl, daß mein Vater meiner Mutter sagte, daß mein Bruder um alles in der Welt Trecker fahren wollte. Wie er es schaffte, daß er die Sachen machte, die er nicht machen wollte, weiß ich nicht genau. Unsere beiden Väter sind leider verstorben und es ist schon traurig, daß wir sie nicht mehr danach fragen können.

> ***Kommentar:***
> *Die Reaktionen der Eltern scheinen anzuzeigen, daß sie* ***daran glauben,*** *die Möglichkeit, über ihre Eltern nachzudenken, könnte nützlich sein. Für das Therapeutenteam geht es aber nicht grundsätzlich darum, ob sie aufgrund dessen wirklich eine neue Lösung formulieren. Das Ziel besteht darin, sie bei ihren Bemühungen, das Problem zu lösen,* ***zusammenzubringen.*** *Dieser Wechsel bedeutet eine Änderung der Klasse des Lösungsverhaltens und der sozialen Choreographie, die die Therapeuten anstreben. Sie zusammenzubringen, erfordert natürlich, daß sie daran glauben, daß die verschriebene Aufgabe bedeutsam ist.*

Therapeut: Aber Sie haben eine große Erfahrung, wenn Sie mit diesen Leuten groß geworden sind, nicht wahr? (Pause) Ich muß mich entschuldigen, daß ich Ihnen eine Aufgabe gestellt habe, die völlig ins Wasser gefallen ist.

> ***Kommentar:***
> *Der Therapeut kommt auf die Aufgabe zurück. Der Therapeut wird die therapeutische Kommunikation immer und immer wieder kalibrieren, indem er die grundlegende Unterscheidung, die diese therapeutische Wirklichkeit organisiert, einsetzt — das präsentierte Problem.*

Mutter: Wir hatten nie daran gedacht, daß das überhaupt etwas bringen könnte.

Therapeut: Ich möchte auf das zurückkommen, was passiert ist. Sie sagten, Ihr Sohn hätte sofort damit angefangen?

Vater: Er fing an. Er holte die Schaufel, aber dann fing der Regen an.

Therapeut: Und Sie mußten sich mit ihm nicht darüber auseinandersetzen, weshalb er das tun mußte?

Vater: Keine Diskussion.

Therapeut: Und es gab keine Möglichkeit, weiterzuarbeiten, nachdem er die Schaufel geholt hatte?

Vater: Nein. Aber er prüfte ein paar Mal, ob der Boden trocken genug war oder nicht. Er bat mich, nachzuprüfen, um zu sehen, ob er zu feucht war. Ich ging dann mit ihm raus und prüfte. Er hat dann andere Sachen auf dem Hof erledigt.

Therapeut: Ich möchte mich nicht allzu sehr von unserer Aufgabe ablenken lassen, aber ich bin neugierig, ob diese andere Sachen Aufgaben waren, die Sie ihm zur Erledigung gegeben hatten.

> ***Kommentar:***
> *Jede Reaktion, die den Fokus von der Aufgabe und dem präsentierten Problem verlagert, wird als „Ablenkung" behandelt. Dies erinnert sowohl Therapeuten wie auch Klienten daran, daß sie einen Vertrag geschlossen haben, an einer bestimmten Aufgabe zu arbeiten.*

Vater: Da es zum Buddeln zu naß war, bat ich ihn, mir zu helfen, ein Dach dicht zu machen. Und er machte es.

Therapeut: Keine Auseinandersetzung?

Vater: Nein.

Therapeut: Wie ging es diese Woche so ganz allgemein mit Ihrem Sohn?

Mutter: Diese Woche passierten zwei neue Sachen. Einmal, er hat jetzt eine Freundin und das gibt ihm mehr Sicherheit. Und das andere, er braucht Geld. Ich bin nicht sicher, ob er nicht nur so freundlich war, um Geld zu kriegen.

Therapeut: Diese Änderungen sind alle seit unserem letzten Treffen passiert?

Mutter: Er spricht jetzt viel darüber, wie gern er dieses Mädchen hat, was er früher nie tat.

Vater: Er fragte zwar nicht, aber ich glaube, er war sehr neugierig zu erfahren, was in unserer Sitzung passierte. Und das machte ihn etwas vorsichtig in bezug auf das, was wir sagten und taten. Vielleicht glaubte er, wir müßten hier sagen, was er von sich gibt. Ich bemerkte etwas wie Vorsicht und Nachsicht.

Mutter: Ich glaube, es veränderte auch die Beziehung zu unserer Tochter.

Therapeut: Sprach einer von Ihnen über das, was wir hier machen?

Vater: Nein.

Therapeut: Gut. Ich möchte jetzt mit meinen Kollegen sprechen und mich mit ihnen über die Informationen, die Sie uns gegeben haben, beraten. Ehe ich gehe — gibt es noch irgendetwas, was die Aufgabe betrifft, von dem Sie meinen, ich müßte es wissen?

Vater: Ich habe bemerkt, daß diese Vorsicht es ihm erleichterte, mitzuarbeiten. Seine Arbeit wurde auch besser.

Mutter: Ich fragte ihn, wieso er nicht so zurückgezogen ist und er sagte, es hänge mit seiner Freundin zusammen. Er meinte, daß er sich sicherer fühle und mit seinen Sachen zu Rande komme.

Therapeut: Wir müssen uns alle daran erinnern, daß unser Vertrag darin besteht, Ihnen zu helfen, Ihren Sohn zu disziplinieren. Sie erwähnten schon eine Änderung mit Ihrer Tochter. Obwohl dies sicher nicht unmittelbar dazu gehört, bin ich doch so neugierig, daß ich Sie fragen möchte, was mit ihr geschah.

Mutter: Sie fragte mich, worüber wir in der Therapie reden. Als ich ihr sagte, daß wir ihr nichts darüber sagen können, fühlte sie sich verletzt. Sie gab eine schnippische Antwort, so ungefähr „Nun gut, dann erzählt doch dem Therapeuten alles über eure Probleme und er wird es dann schon für euch machen" (Mutter und Vater lachen)

Therapeut: Noch mehr?

Mutter: Das war alles.

Therapeut: Bitte verzeihen Sie, daß ich mich so sehr für all die anderen Dinge interessiert habe. Wir wollen uns jetzt wieder darum kümmern, Ihnen mit Ihrem Sohn zu helfen
(verläßt den Raum zur Teambesprechung)

> ***Kommentar:***
> *Die Eltern berichten eindeutig von Veränderungen in der Familie. Der Sohn, der ihnen seit fünf oder sechs Monaten mit ständigen Streitereien und Ungehorsam Sorgen bereitet hatte, ist jetzt vorsichtig und willig. Desweiteren wird von einer Änderung in Bezug auf die Tochter berichtet. Für die Therapeuten waren die wichtigsten Neuigkeiten, daß (1) die Eltern Schritte unternommen hatten, sich zusammenzutun, um das Problem zu lösen und (2) die Aufgabe „ins Wasser gefallen" war.*

Therapeut: Wir möchten, daß Sie eine Aufgabe suchen, die Ihr Sohn nicht erledigen will, so daß Sie aufgerufen sind, ihn dazu zu bringen. Wir können nun nicht sagen, ob die letzte Aufgabe erfolgreich war oder nicht. Wir müssen nun wieder daran gehen, etwas anderes zu entwickeln, damit Sie beide eine neue Aufgabe haben, die Ihr Sohn zu erledigen hat. Sie müssen darauf achten, daß er es nicht von sich aus tun möchte, damit Sie überhaupt die Möglichkeit haben, sich mit der Frage des Gehorchens auseinanderzusetzen.

> ***Kommentar:***
> *Der Therapeut hat eine geringfügige Änderung in den semantischen Rahmen des präsentierten Problems eingeführt, was dann zu einer Änderung im politischen Fokus der Therapie führt. Anstatt direkt darauf zu zielen, daß sich der Sohn folgsam verhält, liegt die Betonung darauf, den Eltern eine Gelegenheit zu schaffen, daran zu arbeiten, wie sie ihren Sohn disziplinieren können. Die Eltern werden angewiesen, eine Aufgabe auszusuchen, die* ***sie selber*** *dazu herausfordert, mit ihrem Sohn zu arbeiten.*

Mutter: Wir könnten ihn auffordern, mir nicht zu sagen „Sei still".

Therapeut: Etwas, das er nicht tun will?

> ***Kommentar:***
> *Jeder Vorschlag der Eltern wird nun vom Therapeuten daraufhin befragt, ob sie dadurch „wirklich" herausgefordert werden.*

Therapeut: Wir haben uns entschlossen, Ihnen für diese Aufgabe zwei Wochen Zeit zu geben, damit sichergestellt ist, daß etwas passiert, das nicht ins Wasser fällt. Was wäre so etwas, das für Sie eine Herausforderung darstellt, Ihren Sohn dazu zu bringen, es zu tun?

Mutter: Ich würde gerne besser mit ihm reden können. (lange Pause)

Therapeut: Können Sie sich eine bestimmte Sache vorstellen, die er tun soll, so daß wir eindeutig wissen, ob er sie erledigt hat oder nicht. Wenn es das Miteinanderreden ist, dann müssen wir da etwas Bestimmtes finden.

> ***Kommentar:***
> *Was Aufgaben in dieser therapeutischen Wirklichkeit betrifft, so werden nur klar bestimmbare Verhaltensweisen zugelassen.*

Vater: Gegen die meisten Tischlerarbeiten hat er im Grunde nichts einzuwenden.

Therapeut: Dann scheiden die aus, denn sie hätten keine Chance daran zu arbeiten, ihn zum Gehorchen zu bringen.

Mutter: Ich sähe es gern, wenn er sein Zimmer sauber hält. Es ist ein richtiger Saustall.

Therapeut: Wenn Sie ihm sagen, er soll sein Zimmer aufräumen, sind Sie dann hundertprozentig sicher, daß er sich dagegen wehrt? Ist das etwas, was Ihnen die Möglichkeit gibt, daran zu arbeiten, daß er gehorcht?

Vater: Kommt nicht seine Freundin zu Besuch?

Mutter: Ja.

Vater: Dann räumt er sein Zimmer sowieso auf. (Lachen) Dann könnte das auch ins Wasser fallen.

Therapeut: Wenn das auch ins Wasser fällt, was gibt es dann noch? Da wir nicht wieder alles ins Wasser fallen lassen wollen, müssen wir auf etwas kommen, das es für ihn wahrscheinlich macht, daß Sie Ärger bekommen.

Vater: Brennholz machen geht auch nicht.

Mutter: Da ist mehr nötig.

Therapeut: Was haben Sie ihn in der Vergangenheit gefragt, das zu der Reaktion geführt hat, die wir brauchen?

Mutter: Das ist wirklich schwer, weil das, was in den nächsten beiden Wochen zu tun ist, Zimmermannsarbeiten sind. Und dagegen hat er nichts.

Vater: Gestern hat er mir tatsächlich aus freien Stücken bei solchen Arbeiten geholfen.

Mutter: Was könnte er im Haus tun?

Vater: Das meiste tut unsere Tochter. (Lange Pause) Mann, es sah doch tatsächlich so aus, daß es viele Sachen gibt, wo wir es nicht schaffen, daß er sie macht.

Kommentar:

Dieser Therapieabschnitt trägt schon leicht absurde Züge. Die Eltern suchen langsam und sorgfältig danach, was ihren Sohn in Rage bringen könnte, damit sie eine Gelegenheit erhalten, daran zu arbeiten, ihn zu disziplinieren. Bedenkt man, daß sich dieselben Eltern eine Woche zuvor darüber beklagten, daß sie ihren Sohn nicht dazu bringen konnten, überhaupt etwas zu tun, so könnten einige Therapeuten fragen, was denn nun in dieser Familie wirklich los ist. Eine solche Frage ist in einer problemlösenden therapeutischen Wirklichkeit irrelevant und irreführend. Am wichtigsten ist das Feedback, das sich auf das Problem bezieht und auf die Interventionen, die darauf zielen, es zu verringern. Diesen Fokus aufrechtzuerhalten, ist oft der schwierigste Teil der Konstruktion eines problemlösenden Ansatzes. Geduldig und überaus genau Probleme, Lösungen sowie die semantischen und politischen Rahmen, die sie organisieren, anzusprechen, erfordert es, jede andere Information und organisierende Strategie zu ignorieren. In dieser therapeutischen Wirklichkeit betätigt sich der Therapeut nicht als Archäologe ihrer Vergangenheit oder als Choreograph ihres gegenwärtigen Tanzes. Das Problem, das Gegenstand des Vertrages ist, bildet die kritische Unterscheidung, die diese therapeutische Wirklichkeit lenkt.

Therapeut: Ich möchte einfach einmal raten. Da ich Ihre Familie überhaupt nicht kenne, kann ich vielleicht einige ausgefallene Tips geben. Wenn Sie Ihren Sohn auffordern, das Geschir zu spülen, was würde passieren?

Mutter: Er würde es nicht tun.

Therapeut: Wenn Sie Ihren Sohn auffordern, seine Wäsche zu waschen, was würde passieren?

Vater: Er würde es vermutlich tun.

Mutter: Vermutlich. Und er würde wohl auch den Geschirrspüler benutzen.

Therapeut: Was würde passieren, wenn Sie ihm sagen, er habe zu einer bestimmten Zeit zu Hause zu sein?

Vater: Das gäbe einen Aufstand!

Mutter: Er würde sagen, das ginge uns nichts an.

Therapeut: Großartig. Jetzt sind wir auf etwas gestoßen. Was gibt es sonst noch?

Mutter: Diese Woche kam er zu einer ganz angemessenen Zeit zurück. Das wäre keine Schwierigkeit.

Vater: Ja, ich hörte, wie er gestern vor Mitternacht zurückkam.

Therapeut: Ist das eine wundersame Kehrtwendung?

Mutter: (lachend) Ja. Es ist wundersam.

Vater: (lachend) Nun, wie ich schon sagte, er wartete darauf, daß wir ihm etwas sagen würden, als wir letzte Woche von der Therapie zurückkamen. Er operiert jetzt mit größerer Vorsicht.

Therapeut: (zum Vater): Waren Sie beim Militär?

> ***Kommentar:***
> *Der Therapeut bringt bedeutsames Rauschen ein.*

Vater: Ja.

Therapeut: Dann wissen Sie auch, daß man beim Militär etwas findet, was Sie nicht tun wollen, nur um zu beweisen, daß Sie es zu tun haben.

Vater: Zweifellos.

Therapeut: Nun, vielleicht müssen Sie auf diese Weise daran gehen. Der Punkt ist der, daß wir Ihnen helfen, Ihren Sohn zu disziplinieren. Dabei spielt es keine Rolle, ob es ihm erklärt wird, weshalb er es zu tun hat, oder nicht. Sie müssen etwas finden, daß es **Ihnen** ermöglicht zu lernen, wie Sie Ihren Sohn disziplinieren.

Vater: Wie steht's mit den Kartoffeln?

> ***Kommentar:***
> *Das bedeutsame Rauschen „militärische Erfahrung" könnte dem Vater geholfen haben, an Kartoffeln zu denken.*

Mutter: Es könnte ins Wasser fallen, aber zwei Wochen dürften doch ausreichen.

Vater: Er könnte die Kartoffeln ausbuddeln. Es sind drei Reihen, jede fünfzig Fuß* lang, alles Kartoffeln, so daß ich sicher bin, daß er es nicht tun will.

Mutter: Wenn Du wirklich einen Aufstand willst, dann müssen wir hinzufügen, daß er die Kartoffeln zu waschen und zu lagern hat.

---

* Anm. d. Übers.: 50 Fuß entspricht ungefähr 15.20 m

Therapeut: Sie sind sich darin einig, daß die Kartoffelgeschichte eine Herausforderung schaffen wird?

Vater und Mutter: Ja.

(Therapeut verläßt den Raum, um sich mit dem Team zu besprechen)

Therapeut: Meine Kollegen sind auch der Ansicht, daß Sie mit der Kartoffelgeschichte weitermachen sollten. Sie beide müssen sich entscheiden, wann Sie Ihrem Sohn sagen, daß er die Kartoffeln ausbuddeln, säubern und lagern muß. Wir möchten, daß Sie sich darüber im klaren sind, was nicht geholfen hat, Ihren Sohn zu disziplinieren — Brüllen, Weinen undsoweiter. Treten Schwierigkeiten auf, dann erinnern Sie sich daran, nicht die Fehler der Vergangenheit zu wiederholen, sondern zusammenzukommen und die Möglichkeit zu nutzen, über das nachzudenken, was Ihre Eltern getan hätten. Wir hoffen, daß Sie in diesen zwei Wochen die Gelegenheit und Herausforderung haben, daran zu arbeiten. Und es ist sehr wichtig, daß Sie weiterhin Ihren Kindern nichts über die Therapie erzählen und daß sie vor allem nichts von Ihren Hilfsmöglichkeiten erfahren. Meine Kollegen möchten Ihnen ihre Hochachtung aussprechen, daß Sie dies bisher so großartig eingehalten haben. Sie haben mich gebeten, Ihnen zu sagen, daß es Ihre Kinder in den beiden kommenden Wochen vermutlich schwerer herausfinden werden, was in der Therapie vor sich geht und was genau Sie vorhaben. Wie auch immer die Versuchung aussieht, es ist für Sie beide sehr wichtig, zu begreifen, daß Sie nicht mit ihnen darüber reden. Es ist Ihre Privatsache.

Kommentar:
Der Therapeut betont weiterhin, daß die Eltern sich in ihren Bemühungen, ihren Sohn zu disziplinieren, zusammenschließen. Die Intervention ist wiederum so strukturiert:

Stabilität	*Änderung*	*bedeutsames Rauschen*
den Sohn auffordern, eine bestimmte Aufgabe zu erledigen	*gemeinsame Aktion der Eltern zum Lösungsverhalten*	*Möglichkeiten der Herkunftsfamilie*

Sitzung 3

Therapeut: Wie steht's mit den Kartoffeln? Was ist geschehen?

Mutter: Sie wurden ausgebuddelt.

Vater: Sie sind ausgebuddelt, gewaschen und gelagert.

Therapeut: Erzählen Sie.

Mutter: Ich sagte ihm, sie müßten ausgebuddelt werden.

Vater: Und ich sagte ihm, sie müßten ausgebuddelt werden oder sie verrotten.

Mutter: Er sagte, er würde es an seinem freien Tag erledigen. Ich sagte, ich würde das Getreide einbringen, während er die Kartoffeln ausbuddelt. Wir redeten an diesem Tag mehr als die ganzen letzten Jahre. Er erzählte mir von seinen Plänen. Er machte nicht nur seine Arbeit, sondern er half mir auch beim Getreide.

Therapeut: Er buddelte alle Kartoffeln aus, wusch sie und lagerte sie?

Mutter: Ja.

Therapeut: Gab es irgendwelche Schwierigkeiten?

Mutter: Nein.

Vater: Es war erstaunlich!

Mutter: Es gab überhaupt keine Schwierigkeiten. Es gab nicht einmal vorlaute Bemerkungen.

Therapeut: Erinnern Sie sich noch daran, wie lange wir brauchten, bis wir auf etwas kamen, was fürchterlich genug war, ihn dazu zu bewegen? Die Kartoffeln waren eine Aufgabe, von der Sie beide hundertprozentig sicher waren, daß sie zu einer Auseinandersetzung führt und Ihnen die Gelegenheit gibt, etwas zu tun.

Mutter: Ich kann mich an eine Zeit erinnern, wo dies auch geschehen wäre. Er macht uns jetzt überhaupt keine Probleme mehr.

Therapeut: Ihr beiden seid um die Möglichkeit gebracht worden, etwas zu tun. (Eltern lachen)

Mutter: Ich sprach mit ihm über diese Veränderung und er sagte, daß er sich sicherer in bezug auf sich selbst fühlt. Er weiß noch nicht so genau, was er machen wird, aber er weiß jetzt, daß er eine Ausbildung machen will, so daß er sich selber helfen kann.

Vater: Er fing diese Woche einen paramedizinischen Kurs an.

Mutter: Es scheint, er hat es zusammengekriegt. Einige Male fällt er aus der Rolle, aber dann ändert er sich. Es ist beinahe, als ob er sich wieder selbst einfängt und dann kommt er mit irgendetwas Nettem wieder.

Therapeut: Ehe wir weitergehen, würde ich gerne noch einige Einzelheiten über die Kartoffeln wissen. Wer gab ihm die Anweisung für diese Arbeit?

Mutter: Wir gaben ihm keine Anweisungen.

Vater: Wir machten deutlich, wie notwendig es ist, sie rauszuholen, ehe sie verderben.

Therapeut: Das ist eine nette Art zu sagen, tu es. Und er tat es sofort?

Mutter: Ja. Und uns brachte es viel Zeit zu reden und das war gut.

Therapeut: Sie beide hatten keine Gelegenheit, mit seinem Ungehorsam konfrontiert zu sein, wie es in den letzten Monaten üblich war?

Vater: Nein.

Therapeut: Können Sie sich etwas vorstellen, was Ihr Sohn tun soll und das ihn zum Rebellieren bringt?

Mutter: Jetzt nicht.

Vater: Er macht jetzt die Sachen, die zu tun sind. Er bat mich sogar, meinen freien Tag dann zu nehmen, wenn er zu Hause ist, so daß wir zusammen am Haus arbeiten können. Er macht gerne Tischlerarbeiten. Wenn man ihm gegenüber erwähnt, daß noch etwas zu tun ist, wird er nicht mehr ärgerlich. (Vater lacht) Ich weiß nicht, was geschehen ist, aber was es auch immer ist, ich hoffe, es hält an.

(Beratungspause)

Therapeut: Meine Kollegen stimmen mir zu, daß wir in unserer Therapie an einen einzigartigen Punkt gekommen sind. Zuerst, es gibt keine Möglichkeit, Ihnen genau zu sagen, was passiert ist. Sie wissen selber, manchmal sehen die Früchte gut aus und manchmal sehen sie aus, als würden sie nicht aufgehen, aber wir werden oft überrascht . . . jede Jahreszeit ist anders. Wir erkennen an, daß die Sachen in bezug auf Ihren Sohn für Sie in letzter Zeit gut gewesen sind. Wir haben keine Ahnung, ob das so bleiben wird. Es ist möglich, daß sich die Dinge wieder verschlechtern. Andererseits könnte es Ihr Sohn noch besser machen. Und letztlich wissen wir nicht, ob wir applaudieren sollen und sagen, es hat konkrete Änderungen gegeben. Oder ob wir warnen sollen, daß die Dinge auch schlechter werden können. Es gibt keine Möglichkeit, das zu wissen. Wie auch immer, wir alle kommen nicht einmal damit zurecht, eine Herausforderung für Sie zu finden, damit Sie mit Ihrem Sohn weiterarbeiten können. Wir schlagen daher eine Pause vor und wünschen Ihnen alles Gute. Obschon die Dinge schlechter werden könnten, möchten wir, daß Sie erkennen, daß Sie vielleicht über etwas Neues gestolpert sind, vielleicht in Ihrem Unbewußten, über Möglichkeiten, die Ihnen Ihre Eltern gaben, die zu einer kleinen, plötzlichen Änderung, wie Sie mit Ihrem Sohn umgehen, geführt hat. Vielleicht in der richtigen Zeiteinteilung Ihrer Handlungen oder in den Betonungen Ihrer Worte.

> ***Kommentar:***
> *Der Therapeut schwingt hin und her zwischen Kommunikation über Änderung, Stabilität und bedeutsamem Rauschen. Da der therapeutische Vertrag erfüllt wurde, endet die Therapie — mit einem offenen Angebot weiterer Zusammenarbeit.*

Vater: Ich für mein Teil denke, daß es so ist. Ich habe mich wohl selbst ein bißchen verändert.

Therapeut: Das ist eine Möglichkeit. Es ist möglich, daß Ihnen beiden die Anerkennung zukommt, dafür daß Sie etwas Neues gelernt haben. Wenn es wirklich Änderungen gibt, dann kommen Sie ganz bestimmt durch Sie zustande.

> ***Kommentar:***
> *Jede Anerkennung für mögliche Änderungen wird den Klienten gegeben.*

Vater: Es ist möglich, daß er meinte, wir würden uns keine Gedanken um ihn machen — bis wir zur Therapie kamen. Anders gefragt, glaubt er nun, daß wir wirklich an ihm interessiert sind, weil wir wegen seines Problems zur Therapie kommen?

Therapeut: Das Leben ist überaus vielgestaltig; vielleicht ist es genau das. Wenn man zur Therapie geht, dann ist das eine klare Botschaft: Zeit zu haben, hierherzukommen und zu sagen, daß man ernsthaft genug ist und sich so sehr um seine Familie sorgt, daß man so weit geht. Das könnte es neben vielen anderen Dingen sein. Deshalb ist es wichtig, daß wir uns an dieser Stelle aus der Therapie zurückziehen. Wir werden sehen, ob er sich nur deswegen anders verhält, weil Sie in Therapie sind. Können Sie dem zustimmen?

> ***Kommentar:***
> *Der Therapeut gibt die Aussagen des Vaters einfach als bedeutsames Rauschen wieder zurück [„recycling"].*

Vater und Mutter: Ja.

Vater: Wir könnten schon in die Zukunft projizieren und eine Sitzung für unser jüngeres Kind abmachen. (Lachen) Ich mache nur Spaß.

Eine Nachuntersuchung zwei Jahre später (durchgeführt vom Leiter des „Purdue Family Therapy Program“) zeigte, daß die Familie seit dieser Konsultation von drei Sitzungen keinen Therapeuten oder sonstigen professionellen Helfer gebraucht hatte.

Diese Fallstudie ist nur ein Beispiel dafür, wie eine therapeutische Wirklichkeit konstruiert werden kann — in diesem Fall eine, die durch einen strikten Fokus auf das Problem organisiert wurde. Ähnlichkeiten mit Problemlösungsstrategien von WATZLAWICK, WEAKLAND und FISCH (1974), HALEY (1976) und anderen sind offensichtlich: Jede problemlösende Therapie gehört zur selben allgemeinen Klasse therapeutischer Wirklichkeit.

In der folgenden klinischen Arbeit wird eine andere Form therapeutischer Wirklichkeit gezeigt. Die Kapitel demonstrieren, wie eine Vielzahl klinischer Strategien und Perspektiven herangezogen und erfunden werden können, ein grundlegendes Verständnis der semantischen und politischen Rahmen, die therapeutische Wirklichkeiten konstruieren, vorausgesetzt.

Ein konstruktivistischer Ansatz klinischer Ausbildung

Bradford P. Keeney, Paul McKenzie, Brent Atkinson, Debra Denmann, James Morris, Nancy Ridenhour, Joe Strano und Frank Thomas

Das Folgende ist ein grundlegender Entwurf zu lernen, wie man therapeutische Wirklichkeit mit einem Therapeutenteam konstruiert. Das klinische Vorgehen ist fest verwurzelt in den Ideen, die im ersten Kapitel dargelegt wurden. Therapie wird insbesondere aufgefaßt als Konstruktion und Handhabung semantischer und politischer Rahmen. Von der ersten bis zur letzten Sitzung ist in dieses Vorgehen ein Teamansatz integriert, der ausdrücklich semantische und politische Rahmen für die Konstruktion therapeutischer Wirklichkeiten, die auf jeden einzelnen Fall neu zugeschnitten werden, nutzbar macht.

Bei diesem Vorgehen wird ein Teammitglied zum Koordinator bestimmt, der als Kontaktperson für das Klientensystem fungiert. Der erste und alle folgenden Anrufe laufen über ihn, und er begrüßt auch die Klienten zu Beginn jeder Sitzung. In der ersten Sitzung stellt sich diese Person selber als „Koordinator" vor und erklärt, daß mehrere Spezialisten mit ihm arbeiten. Er erklärt, daß einige Therapeuten hinter der Einwegscheibe beobachten und daß er jeden einzelnen Spezialisten vorstellen wird, wenn deren Können gefragt ist. Sollten die Klienten Fragen wegen der Behandlung haben, so mögen sie ihre Fragen an den Koordinator richten. Fassen wir zusammen. Der Koordinator übernimmt die Verantwortung für das Zusammentreffen von Klienten- und Therapeutensystem und sorgt dafür, daß der Ablauf jeder Sitzung reibungslos koordiniert und für die Klienten bedeutungsvoll ist.

Andere Teammitglieder übernehmen spezifische Ziele für die Konstruktion semantischer und politischer Bezugsrahmen. In der folgenden Fallstudie besteht das Team beispielsweise aus drei Teammitgliedern, die politische Rahmen ansprechen und anderen, die sich mit der Semantik befassen. Entscheidet sich das Team, einen spezifischen kommunikativen Rahmen zu konstruieren, etwa das Interaktionsmuster, das das Problemverhalten organisiert, wird der Koordinator herausgerufen und er hat dann den Muster-Spezialisten vorzustellen, dessen Aufgabe darin besteht, die Muster, die das Problem organisieren, zu untersuchen.

Die Bezeichnung und Erläuterung (Semantik) der Aufgabe, die dieses Teammitglied hat, „Muster-Prüfung“, ist als solche selbst eine Intervention für Klienten und Therapeuten. Sie kontrolliert und organisiert die Therapie auf einen bestimmten Fokus. Tritt der Fall ein, daß der Muster-Spezialist durcheinanderkommt oder daß er die gewünschten Informationen erhalten oder das beobachtende Team entschieden hat, daß eine andere Form der Untersuchung nützlicher sein kann, dann wird der Koordinator in den Raum geschickt, um einen anderen Spezialisten vorzustellen. Der Koordinator bedankt sich bei dem einen Spezialisten und stellt den anderen vor, der z.B. ein Experte in der Prüfung von Bedeutungen, die Erfahrungen organisieren, sein kann. Der Koordinator verläßt den Raum und die Befragung folgt einem anderen Fokus.

Auf diese Weise schafft jede Sitzung ihre eigene einzigartige Form der therapeutischen Wirklichkeit. Die Reaktionen der Klienten auf die Bemühungen eines Teammitglieds, einen spezifischen kommunikativen Rahmen zu schaffen, werden dazu benutzt zu entscheiden, welcher Rahmen als nächster konstruiert wird. Manchmal wird es einem Teammitglied nicht gelingen, den vorgesehenen Rahmen zu schaffen. Dann wird ein anderer Therapeut (d.h. Spezialist) ausgeschickt, andere Fragen zu stellen, die auf dieselben Informationen zielen. Ein anderes Mal wird ein Rahmen konstruiert, der Hinweise gibt, die Konstruktion einer ganz anderen Klasse von Rahmen zu verfolgen.

Fassen wir kurz zusammen. Der grundlegende Entwurf klinischer Arbeit umfaßt einen **Koordinator,** der die Beziehungen und Berührungen zwischen Klienten- und Therapeutensystemen koordiniert und eine Gruppe von Spezialisten, deren Aufgaben in zwei allgemeine Kategorien fallen — **Muster-Prüfung** (Politik) und **Bedeutungs-Prüfung** (Semantik). Bei diesem Ansatz werden auch genau diese Begriffe verwendet, die Teammitglieder zu bezeichnen und ihre Tätigkeit zu erklären. Darüberhinaus gibt es noch einen Sitzungs-**Orchestrator** hinter der Scheibe, der die kommunikative Verbindung zwischen dem Koordinator und den anderen Teammitgliedern bildet. Er ist für alle Kontakte (Anrufe) mit dem Koordinator verantwortlich wie auch für die Erklärungen und Erläuterungen jeder einzelnen Instruktion für den Koordinator, die bestimmte kommunikative Rahmen und das Vorstellen von Spezialisten betreffen.

Der organisatorische Entwurf

Arbeitet man mit einem Team, das dabei ist, konstruktivistische Therapie zu lernen, dann ist der Orchestrator derjenige, der für alle klinischen Entscheidungen verantwortlich zeichnet. Anfangs wird er direkt orchestrieren, wie bestimmte Rahmen anzusprechen sind und er wird die Verantwortung für die Interventionen tragen. Später dann, wenn die Teammitglieder Kenntnisse und Erfahrungen in der Konstruktion semantischer und politischer Rahmen erworben haben, wird der Orchestrator Teammitglieder auffordern, mögliche Züge und Strategien im Verlauf der Therapie zu diskutieren. Die abschließende Phase in der Teamentwicklung ist der Schritt von der Hierarchie zur Heterarchie. Eine Heterarchie ist eine Situation, in der jeder hinter der Scheibe zu jeder Zeit die Verantwortung und Leitung übernehmen kann. Hier stellt sich Kameradschaft ein wie bei einer gut aufeinanderabgestimmten Basketballmannschaft, die stolz auf ihr „Teamwork" ist.

Anfänglich wird aber ein Kontext betont, der eine eher direktive Organisation begünstigt. Eine typische Sitzung beginnt damit, daß der Koordinator dem Klientensystem die Behandlungsstruktur erläutert. Sind die einleitenden Vorstellungsrituale abgeschlossen, stellt der Koordinator drei grundlegende Fragen, auf die das Klientensystem antwortet. Die erste Frage lautet: „Was müssen wir wissen?" Nach der Antwort des Klientensystems folgt die zweite Frage: „Was ist von dem, was wir wissen müssen, am wichtigsten?" Und nach dieser Antwort folgt die letzte Frage: „Haben Sie irgendetwas Wichtiges vergessen?" Ist auch diese Frage beantwortet, verläßt der Koordinator den Raum mit dem Hinweis, daß er mit einem Kollegen zurückkommen wird.

Es kann sein, daß Klienten diese Fragen sehr kurz und direkt beantworten oder daß sie eine ganze Zeit brauchen, „ihre Geschichte" zu erzählen. Was und wie auch immer sie antworten, der Koordinator hört ganz einfach zu und wartet, bis sie zu Ende gekommen sind. Dann stellt der Koordinator die nächste Frage, bis alle Fragen beantwortet sind. Was die Klienten präsentieren, sind die grundlegenden Rahmen für Semantik und Politik.

Welche Rahmen die Klienten auch präsentieren mögen, der Koordinator und das beobachtende Team treffen sich und diskutieren, welcher Rahmen anzusprechen und/oder zu konstruieren ist. Dies kann die Konstruktion eines therapeutischen Vertrages über das Problem sein, an dem zu arbeiten ist, (Semantik) oder eines politischen Rahmens, der sich mit der Organisation des Problemverhaltens befaßt. Am Ende der Teamdiskussion entscheidet der Orchestrator, welcher Spezialist dem Klientensystem vom Koordinator vorgestellt wird.

Schließlich entwickelt sich ein politischer Rahmen, der dem therapeutischen Team Ideen in bezug auf mögliche Interventionen eröffnet, die das Organisationsmuster zu ändern vermögen. Dies kann schon sehr bald zu Beginn der Sitzung geschehen oder aber eine ganze Zeit dauern. Immer, wenn ein politischer Rahmen entsteht, erfolgt eine Teambesprechung, um zwei oder drei Möglichkeiten zu finden, dieses Muster zu verändern. Nach O'HANLON (1982) schließen Möglichkeiten, Organisationsmuster zu ändern, die Änderung von Häufigkeit, Tempo, Dauer, Zeit, Lokalisierung, Intensität, Qualität, Umständen und Sequenz ein.

Stimmt man zwei oder drei Möglichkeiten zu, ein Muster zu verändern, wird dem Klientensystem ein weiteres Teammitglied vorgestellt, das semantische Rahmen über diese Politik konstruieren soll. Die Klienten werden insbesondere darüber befragt, was sie meinen, was passieren würde, würde jede der angenommenen Änderungen eintreten. Diese Prä-Interventions-Prüfung gestattet dem Team, die Reaktionen des Klientensystems in Hinblick auf mögliche Interventionstypen zu hören und zu sehen.

Auf der Grundlage eben dieser Reaktionen entscheidet das Therapeutenteam, ob eine dieser Interventionen eingesetzt wird, ob sie kombiniert oder verändert werden oder ob eine weitere Prä-Interventions-Prüfung vorzunehmen ist. Einigt man sich auf eine bestimmte Intervention, entscheidet das Team, ob es über die angemessene Semantik verfügt, diese Intervention als Aufgabe zu präsentieren. Ist es der Auffassung, daß dem nicht so ist, kann ein „Bedeutungs-Spezialist“ vorgeschickt werden, um zu fragen, was die Klienten darüber denken, was die vorgeschlagenen Änderungen bedeuten. Die Reaktionen der Klienten können dann zur Konstruktion einer Erklärung oder eines bedeutsamen Rauschens für die Intervention verwendet werden.

Die Sitzung geht dann weiter mit der Darbietung einer Intervention. Dies geschieht durch ein ganz anderes Teammitglied oder den Koordinator. Es ist oft nützlich, wenn nach der Intervention noch ein anderes Teammitglied in den Raum kommt und erklärt, es sei für die Aktenführung dieser Sitzung verantwortlich. Dieser „Aktenführer“ bittet das Klientensystem, die Aufgabe zusammenzufassen, damit er sie aufnehmen kann. Wenn es auch oft ein Standardverfahren in der therapeutischen Arbeit ist, Klienten zu bitten, ihre Aufgabe zu wiederholen, so wird die Wiedergabe der Klienten dadurch beeinträchtigt, daß sie wissen, daß der Therapeut die Aufgabe bereits kennt. Fragt ein Unbekannter nach der Aufgabe, kann das Therapeutensystem besser erkennen, welches Verständnis auf seiten der Klienten vorliegt. Der Koordinator kann gegebenenfalls mit weiteren spezifischen Anweisungen kommen, um das Verständnis der Aufgabe zu verbessern.

Die Sitzung endet damit, daß der Koordinator den Termin der nächsten Sitzung abspricht. Diese folgende Sitzung hat dann dieselbe allgemeine Struktur:

Phase 1: Drei Fragen des Koordinators, die allgemeine Forderungen nach kommunikativen Rahmen stellen — nur sind sie jetzt darauf ausgerichtet, die Ausführung und Folgen der Aufgabe zu erfassen: (a) „Was müssen wir über Ihre Aufgabe wissen?“, (b) „Was ist von dem, was wir über Ihre Aufgabe wissen müssen, am wichtigsten?“ und (c) „Haben Sie irgendetwas Wichtiges ausgelassen?“

Phase 2: Konstruktion semantischer und politischer Rahmen durch Muster- und Bedeutungs-Spezialisten bis eine Ansicht auf ein relevantes Muster der Organisation entsteht, die es ermöglicht, eine Intervention zu entwerfen.

Phase 3: Prä-Interventions-Prüfung (Semantik der Politik): Die Vorhersagen der Klienten über das, was passieren könnte, wenn zwei oder drei mögliche Änderungen der untersuchten Muster auftreten, werden beurteilt.

Phase 4: Feinabstimmung der Intervention, Darbietung der Intervention und Prüfung der Intervention [„check“].

Fassen wir kurz zusammen. Phase 1 richtet sich darauf, allgemeine semantische und politische Rahmen zu konstruieren, die dem, was in der Therapie getan wird, Bedeutung und Organisation verleihen. Phase 2 umfaßt die Konstruktion eines politischen Rahmens, der das Therapeutenteam beim Entwerfen einer Intervention leitet. Dabei ist festzuhalten, daß das Erreichen eines solchen politischen Rahmens das Schaffen von und das Arbeiten mit einer Vielzahl politischer und semantischer Rahmen erfordert. Phase drei ist die Brücke zwischen Prüfung und Intervention, wo das therapeutische Team unmittelbare Rückmeldung darüber erhält, ob ihre Vorstellungen über die Intervention den Punkt treffen oder ob sie modifiziert oder fallengelassen werden muß. Phase vier schließlich betrifft den Entwurf, die Darbietung und die Prüfung einer Intervention.

Alle vier Phasen schließen Muster der Rückkopplung ein, wo die Reaktionen des Klientensystems die folgenden Reaktionen des Therapeutensystems prägen. So entsteht eine Rekursion, wo Klienten Therapeuten leiten, wie diese Klienten leiten. In diesem Prozeß des „Soziofeedback“ (KEENEY 1983) koevolvieren Klienten und Therapeuten in eine therapeutische Wirklichkeit. Das rekursive Wiedereinbringen semantischer und politischer Rahmen in den Prozeß des Soziofeedback konstituiert den Kontext für therapeutischen Wandel. Konstruiert das Therapeutensystem eine Transformation der Kommunikation der Klienten, dann konstruieren die Klienten eine Transformation dieser Transformation. Das Therapeutensystem transformiert dann wiederum diese undsoweiter, immer im Kreise. Die therapeutische Wirklichkeit wird ein rekursives Fließen unterschiedlicher Transformationen semantischer und politischer Rahmen.

Mit jeder Transformation einer Transformation wird eine andere Rekursion konstruiert. Therapeuten müssen imstande sein, diese Unterschiede als Anleitung zu nutzen, die nächste Form der Rekursion zu konstruieren. Dies ist eine andere Art zu sagen, Therapeuten müssen die Effekte ihrer Interventionen nutzen, weitere Interventionen zu formen. Dieser rekursive Prozeß erinnert uns wieder daran, daß Klienten ihren Therapeuten bei der Konstruktion der Intervention helfen und daß Therapeuten an der Konstruktion des Verhaltens der Klienten beteiligt sind. Beide sind rekursiv miteinander verbunden.

Das folgende Fallbeispiel veranschaulicht den grundlegenden Entwurf klinischer Ausbildung, der als Kontext dienen kann zu lernen, wie man therapeutische Wirklichkeiten konstruiert. Der erste Autor fungierte als Orchestrator und ein Team von sieben promovierenden Familientherapeuten bildete das therapeutische Team. Es werden Ausschnitte aus den Sitzungen und Kommentierungen des Modells vorgestellt.

Ein Fallbeispiel

Dieser Fall war Teil des Projekts „Kybernetische Gewichtskontrolle" des Doktorandenprogramms in Familientherapie der Texas Tech Universität in Lubbock. Klientin war eine 30jährige Frau, die seit der Oberschule Probleme mit ihrem Gewicht hatte. Während der Sitzungen war auch Karen anwesend, Pamelas Mitbewohnerin, eine 25jährige Sportlehrerin, die anfangs zeigte, daß sie wegen Pamelas Gewicht „ziemlich besorgt" war.

In der ersten Sitzung bezog sich die Muster-Prüfung darauf, Sequenzen des Überessens zu untersuchen, die im Laufe der letzten Woche aufgetreten waren. Eine Bedeutungs-Prüfung verwies darauf, daß Pamela ihr Überessen als Folge von Stress oder Angst begriff, die oft bevorstehenden Prüfungen vorausgingen. Dies führte zu weiterer Muster-Prüfung, die zeigte, daß ihr Überessen im Rahmen ihrer abend- und nächtlichen Studien auftrat. Eine typische Sequenz besteht aus einer 45minütigen Arbeitseinheit, in deren Verlauf sie einige Kleinigkeiten zu sich nimmt. Dem folgt eine 15minütige Pause, in der sie Karen oft in deren Zimmer besucht. Karen spricht dann von ihrer Sorge über Pamelas Gewicht und macht Vorschläge, was sie tun könnte. Diese unterschiedlichen Informationen — die Abfolge von Imbiß während der Abendstudien und die

Sorge und Teilnahme ihrer Mitbewohnerin an ihrem Eßverhalten — brachten das Team dazu, eine Intervention zu formulieren, die Karen für die kommenden zwei Wochen die volle Verantwortung für Pamelas Eßverhalten übertrug.

Sitzung zwei

Als der Koordinator Pamela und Karen zum Arbeitszimmer begleitete, berichtete Pamela, daß ihr Gewicht während der Woche nach oben und unten geschwankt hatte und insgesamt geringfügig gestiegen war. Die Sitzung begann mit den drei Standardfragen, die jede Sitzung organisieren: Was müssen wir wissen? Was ist von dem, was wir wissen müssen, am wichtigsten? Haben Sie etwas Wichtiges vergessen? Es ergab sich folgendes Gespräch:

Koordinator: Sie erinnern sich noch daran, daß wir Ihnen [Karen] letzte Woche die Verantwortung übertrugen . . . Okay, was müssen wir wissen von dem, was passiert ist?

Karen: Es ging alles ganz glatt, sie aß nichts, was sie nicht essen sollte. Sie kaufte sich etwas Obst und Äpfel und so Sachen und aß die stattdessen. Keine Schokolade, keine Kekse.

Koordinator: In Ordnung, Obst und Äpfel, ein einziger Keks und Du wärst dran gewesen.

Karen: Ja, ja, das stimmt schon. Ich glaube, wir haben die ganze Woche nicht viel gegessen.

Koordinator: Was ich noch wissen möchte . . . was ist von dem, was diese Woche passierte, das Wichtigste, das Sie uns unbedingt sagen müssen?

Pamela: Ich erfuhr mehr über das, was ich esse.

Karen: Ich glaube, wir beide sind uns ein bißchen klarer darüber, daß wir versuchen sollten, unsere Mahlzeiten ausgewogener zu machen.

Pamela: Sie schnauzte mich an, wenn ich in der Küche war, um aus allem rauszukommen (Kichern). Sie kriegte besser mit, wenn ich in der Küche war und was ich machte oder sie sagte, was machst du da drin.

Karen: Ja, ich glaub schon, daß mitkriegen das gut trifft.

Koordinator: Okay. Gibt es noch etwas, was Sie hinzufügen möchten, was Sie ausgelassen haben?

Karen: Nein.

Pamela: Ich kann an überhaupt nichts mehr denken (Kichern). Ich schnüffel nicht herum. (Koordinator verläßt den Raum, um sich mit dem Team zu besprechen)

> ***Kommentar:***
> *Auch wenn Karen meinte, letzte Woche sei alles „ganz glatt" gegangen, so war dem Team klar, daß keine Gewichtsabnahme zu verzeichnen war. So wurde entschieden, daß Muster- und Bedeutungs-Prüfung sich darauf richten mußten, wie sie es schaffte, kein Gewicht zu verlieren. Der Koordinator stellte Pamela und Karen dann einen Muster-Spezialisten vor.*

Muster-Spezialist: Nun, ich habe aufgeschnappt, worüber Sie gerade sprachen, über Ihre [Karens] Strategie, Verantwortung auszuüben . . . und es hört sich so an, als ob es ganz gut geht. Das Team ist sich aber nicht ganz sicher, ob es tatsächlich so gut läuft. Und deshalb möchte ich Sie beide fragen, wenn Sie sich vorstellen, Sie blicken auf die vergangene Woche zurück, wann hatten Sie da den Eindruck, daß es nicht mehr ging?

Karen: Ich bemühte mich . . . genau wie Sie sagten . . . die einzige Mahlzeit, die wir wirklich zusammen haben, ist das Abendbrot. Denn, wissen Sie, ich bin den ganzen Tag in der Schule und sie ist auch den ganzen Tag in der Schule.

Muster-Spezialist: Gab es in der letzten Woche irgendein Abendessen, wo Sie dachten, das ist ein wenig chaotisch oder das geht einfach nicht?

Karen: Hm . . . nun, nein, wir hatten Gemüse und einen Salat mit allem Möglichen, einmal aber Kartoffeln . . . das war schon alles.

Pamela: Was ist mit dem Abend, wo Du mich in der Küche anbrülltest, völlig überraschend . . . war es nicht Mittwoch, es muß letzten Donnerstag gewesen sein.

Muster-Spezialist: Es fällt Ihnen schwer, den Punkt genau festzumachen, wo es nicht mehr lief, weil Sie nur das Abendessen zusammen haben.

Karen: Genau.

Pamela: Bei den späten Mahlzeiten war ich gut. Ich war gut.

Muster-Spezialist: Okay. Wie steht's mit dem restlichen Tag?

Pamela: Nun, zu Mittag hatte ich so was wie Äpfel oder einen einzigen Keks ohne Eis . . . (Kichern) . . . ein ganz kleines Stückchen, nach dem Essen . . .

Karen: Das ist aber auch wirklich alles.

Pamela: Ja, jetzt, am Tage . . . zwischen den Stunden und dem ganzen Kram, da kaufte ich eine Packung mit diesem Käse und den Erdnußbuttercrackers, weil ich kein Mittag hatte.

Muster-Spezialist: Ist es ungewöhnlich, daß Sie diese Crackers essen?

Pamela: Oh ja . . . das ist ungewöhnlich.

Muster-Spezialist: Denken Sie, daß das der Punkt war, wo es nicht mehr lief?

Pamela: Ja, denn normalerweise schnappe ich mir nur etwas zu trinken oder etwas Leichtes, was ich dann später esse, nach dem Unterricht.

Muster-Spezialist: Passierte das auch an anderen Tagen, daß Sie diese Crackers hatten?

Pamela: Dienstag und heute.

Muster-Spezialist: Gut. Also Montag, Dienstag und Donnerstag hatten Sie Crackers und das ist ungewöhnlich.

(Das Team wünscht eine Unterbrechung)

Pamela: Das ist ungewöhnlich. Ich kaufte sie deshalb, weil ich dachte, sie würden meinen Appetit verringern. Ich dachte, sie würden mir warten helfen, bis zum Abendbrot.

Muster-Spezialist: Ich habe gerade das Zeichen vom Team bekommen. Ich bin gleich wieder zurück.

> ***Kommentar:***
> *Das Team wunderte sich über diesen Bericht, wo die einzige Nachlässigkeit, die die Klientin benennen konnte, ein Paket Crackers betraf, das sie an drei verschiedenen Tagen anstelle eines Mittagessens einnahm. Wenn das das einzige wäre, dann hätte es vermutlich zu einer geringen Gewichtsabnahme oder zumindest -stabilisierung kommen müssen. Man entschloß sich, weitere Informationen dazu einzuholen, wieso es zu keinem Gewichtsverlust gekommen war. Der Fokus verschob sich dementsprechend auf die Prüfung der Bedeutung, die die Klientinnen dem fehlenden Gewichtsverlust beimaßen. Z.B. ob Karen bei ihrer Aufgabe, die Verantwortung zu übernehmen, versagt hatte oder ob Pamela Sachen gegessen hatte, die sie nicht essen durfte. Ein Bedeutungs-Spezialist wurde vom Koordinator vorgestellt und es entwickelte sich folgendes Gespräch:*

Bedeutungs-Spezialist: Wenn Sie so essen, wie letzte Woche, glauben Sie, daß Sie dann abnehmen?

Pamela: Ich denk schon . . . ich weiß nicht. Ich glaube, ich muß mir wirklich noch etwas mehr verkneifen. Ich würde wohl ein halbes Pfund abnehmen . . . oder ein Pfund, aber damit das auch geht und überhaupt, da müßte ich wohl rigoroser sein.

Bedeutungs-Spezialist: Sie haben den Eindruck, daß das diese Woche nicht genug war?

Pamela: Nein.

Bedeutungs-Spezialist: Wo lag Ihrer Meinung nach die Schwierigkeit? Meinen Sie, daß es Probleme gab, wie Karen die Sache mit dem Essen regelte?

Pamela: Nein. Sie hat das schon gut gemacht (Kichern). Wir hatten Salate und ich hab nichts gegen Salate und ich gewöhnte mich daran.

Bedeutungs-Spezialist: Würden Sie sagen, daß es nicht ihr Problem ist, das Essen zu organisieren?

Pamela: Nein. Es ist so wie heute. Ich war nur eine halbe Stunde zu Hause und aß eine Packung dieses Käses und dieser Erdnußbuttercrackers und eine Scheibe Brot und eine Packung Putenschinken.

Bedeutungs-Spezialist: Dann lief es heute wirklich schief.

Pamela: Oh ja, heute ging es wirklich voll daneben, übel.

(An dieser Stelle schickt das Team den Koordinator, eine Frage zu stellen)

Koordinator: Das Team hat eine Frage an Sie, Karen. Wenn Pamela den Rest ihres Lebens so weiter ißt wie letzte Woche, wird sie dann soviel abnehmen, wie sie möchte . . . bis zu dem Gewicht, das sie halten möchte?

Karen: Ich sehe nicht, daß sie aus dem Rahmen gefallen ist.

Bedeutungs-Spezialist: Gut, Sie glauben also, daß es kein Problem mit dem Abnehmen gibt, wenn sie so ißt? Sie wird abnehmen, wenn sie so weiter ißt?

Karen: Ich glaube schon, ja.

Koordinator: Gut. Weshalb, denken Sie, hat Pamela diese Woche nicht abgenommen?

Karen: Ich weiß es nicht, wir sind jede Mahlzeit durchgegangen.

Koordinator: Meinen Sie, dieses eine Mal, wo es danebenging, das . . .

Karen: Nein, ich glaube das war nicht so schlimm.

> ***Kommentar:***
> *An diesem Punkt hat eine Überprüfung der Bedeutung ergeben, daß die Klientinnen in Hinblick auf Karens Beteiligung keinen Fehlschlag erkennen. Pamela erwähnte darüberhinaus einen Vorfall aus der Woche, wo etwas danebenging. Das Team entschloß sich dazu, daß ein Muster-Spezialist dieses Fehlverhalten untersucht. Sobald darüber ausreichend Information vorlag, wollte das Team eine Intervention entwerfen. Jetzt wurde der Muster-Spezialist erneut vom Koordinator vorgestellt.*

Muster-Spezialist: Sie erwähnten gerade, daß Sie heute einen Zusammenbruch hatten . . . wann im Verlauf der Woche hatten Sie noch einen Zusammenbruch?

Karen: (schüttelt verneinend den Kopf) Wir sind gerade jede einzelne Mahlzeit und jedes Essen durchgegangen . . .

Pamela: Ich denke, es war nur einmal in dieser Woche.

Muster-Spezialist: Tatsächlich?

Pamela: Weil ich sehr aufgeregt war, weil ich . . . ich mußte diese Woche zum Arzt und ich kam total nervös und aufgeregt nach Hause . . . das war der einzige Zusammenbruch diese Woche.

Muster-Spezialist: Das war der einzige. Wenn Sie diese Crackers zwischen den Mahlzeiten hatten, das ist mit dem heutigen Zusammenbruch nicht zu vergleichen?

Pamela: Nein.

Muster-Spezialist: Würden Sie das überhaupt als Zusammenbruch bezeichnen.

Pamela: Nein . . . das war doch mein Mittag.

Muster-Spezialist: Gut . . . Heute gab es einen Zusammenbruch und es war der einzige in dieser Woche.

Pamela: Es war der einzige in dieser Woche.

Muster-Spezialist: Gut . . . und Sie erwähnten, daß Sie vor diesem Ereignis nervös waren?

Pamela: Hm, hmm

Muster-Spezialist: Nervös wegen was?

Pamela: Nun, mir wurde gesagt . . . heute beim Arzt, daß sie einige Tests machen müßten . . . und ich glaube, das hat mich sehr aufgeregt.

Muster-Spezialist: Was für Tests sollten das sein?

Pamela: Oh, um zu sehen, ob ich ein Gehirn habe (Kichern).

Muster-Spezialist: Zu sehen, ob Sie ein Gehirn haben?

Pamela: Ja . . . ich kann mich im Unterricht nicht konzentrieren und ich mache dauernd . . . mir kann jemand was sagen und es geht zum einen Ohr rein und zum anderen wieder raus.

Muster-Spezialist: Weil dies Problem da war, haben Sie sich entschlossen, zum Arzt zu gehen.

Pamela: Nein. Ich gehe oft hin, weil ich einen hohen Blutdruck habe. Ich sagte ihm, daß ich Schwierigkeiten mit meiner Konzentration und meinem Gedächtnis habe.

Kommentar:
Wir müssen uns in Erinnerung rufen, daß die Klientinnen davon überzeugt sind, daß das Nichtabnehmen nicht eine Folge von Karens Unvermögen war, die Verantwortung für Pamelas Eßverhalten zu übernehmen. Sie gehen sogar davon aus, daß Pamela, wenn sie so weiter ißt wie in der vergangenen Woche, abnehmen wird. Jetzt erfahren wir, daß Pamela wegen Konzentrations- und Gedächtnisstörungen einen Arzt aufgesucht hat. Das Team debattiert die Frage, wie man die Idee, daß Pamela sich möglicherweise nicht an alles erinnert, was sie ißt, nutzbringend verwenden kann und man kommt zu dem Schluß, Pamela aufzufordern, in der nächsten Woche alles das aufzuschreiben, was sie ißt. Sie wurde angewiesen, ihren emotionalen Zustand beim Essen festzuhalten, da sie selber annahm, Essen sei oft die Folge von Streß und Angst. Karen wurde gebeten, Pamela daran zu erinnern, ein „Essenstagebuch“ zu führen.

Sitzung drei

Diese Sitzung begann gleichfalls mit den Standard-Eröffnungsfragen:

Koordinator: Ja, es sieht so aus, als wäre es eine tolle Woche gewesen?

Pamela: Ja.

Koordinator: Gut. Dann erzählen Sie uns, was wir von der Aufgabe wissen müssen.

Pamela: Ich hatte im stillen gehofft, Sie würden sie vergessen (Lachen).

Koordinator: Oh nein, ich schreibe es jede Woche auf!

Karen: Sie zog es durch, ich nicht!

Koordinator: Was meinen Sie damit: „sie zog es durch"?

Karen: Nun, sie hat eine Liste und ich nicht. Ich habe es nicht geschafft.

Pamela: Aber sie saß mir im Nacken! Sie hat in der ganzen Wohnung Zettel aufgehängt. (Lachen) So hat sie die meisten ihrer Sachen abgeschlossen, auch wenn sie es nicht aufgeschrieben hat.

Koordinator: (zu Karen) Aber Sie haben den Eindruck, es nicht richtig gemacht zu haben?

Karen: Nun, ich habe es durchgehalten, aber ich habe es eben nicht selber aufgeschrieben. Ich wußte wirklich nicht, daß das so ein Unterschied ist. Ist das so wichtig? Dann mache ich es diese Woche.

Koordinator: Nun, ich möchte Sie folgendes fragen. Was ist in Hinblick auf die Aufgabe am wichtigsten? In Ihrer Vorstellung und in Ihrer Vorstellung?

Pamela: Sie freute sich jede einzelne Minute darüber! Sie saß mir im Nacken!

Koordinator: Das war das Wichtigste?

Pamela: Oh ja. (Lachen)

Karen: Ich glaube, es war das, daß sie sich dessen bewußt war und es aufschrieb.

Koordinator: Sie meinen, das Wichtigste war, daß sie sich bewußt war?

Karen: Oh ja.

Koordinator: Und Sie glauben, daß Wichtigste war, daß sie Ihnen im Nacken saß?

Pamela: Oh ja. Jedesmal wenn ich in der Küche war und sie kam nach der Schule vorbei, dann sagte sie: „Hast Du auch alles aufgeschrieben?" Und wenn wir gegessen hatten, gab sie mir einige Minuten Zeit, damit ich alles aufschreiben konnte. Ich sagte: „Ach, jetzt nicht." Und sie kam darauf zurück: „Hast Du es inzwischen aufgeschrieben?". Und sie rief zu mir in die Küche, um zu sehen, ob ich es auch gut machte und so.

Koordinator: Gut, das klingt, als hätten Sie es zu Ende geführt. In Ordnung. Noch etwas, was die Aufgabe betrifft? Ich werde jetzt gleich gehen, um mich mit dem Team zu besprechen. Gibt es noch irgendetwas?

Pamela: Ich hab es dabei [Aufzeichnungen], falls Sie es wollen.

Koordinator: Sicher. In Ordnung. Wirklich gut. (Koordinator geht hinaus)

> ***Kommentar:***
> *Zu Beginn der dritten Sitzung ergaben sich Informationen, die dazu beitrugen, die Beziehung zwischen Pamela und Karen für die Therapie besser nutzbar zu machen. Als Karen gefragt wurde, darzulegen, was sie für das Wichtigste hielt, was das Team über die Aufgabe der letzten Woche erfahren sollte, gab sie an, daß sie sich der Natur von Pamelas Eßverhalten „bewußter" waren. Als Pamela dann die gleiche Frage gestellt wurde, erwiderte sie „Karen genoß jede Minute ihrer Verantwortlichkeit".*
>
> *Diese Antwort weist auf die Möglichkeit, eine Intervention zu ersinnen, die eine konkurrierende Beziehung zwischen Pamela und Karen schafft. Ihre bisherige Beziehung bestand in einer klaren Komplementarität, wobei Karen für Pamela verantwortlich war. Jetzt wurde die Möglichkeit untersucht, eine symmetrische Beziehung zu verschreiben. Ein Muster-Spezialist sollte erkunden, wie eine solche Intervention aussehen könnte. Das folgende Gespräch erbrachte Informationen, entsprechende Interventionen zu organisieren.*

Muster-Spezialist: (zu Karen) Wenn Sie dies [das Eßtagebuch] zu untersuchen hätten, Seite für Seite, Punkt für Punkt, was glauben Sie, welche Art Muster oder problematischer Sachen würden Sie finden?

Karen: Was sie ißt? Oder Stimmungen? Oder kann es alles Mögliche sein? (lange Pause) Ich weiß es nicht.

Muster-Spezialist: Keinerlei Vorstellung? Was glauben Sie, was könnten Sie finden? (lange Pause) Irgendetwas, was das Essen betrifft?

Karen: Vielleicht ein bißchen zuviel.

Muster-Spezialist: Noch irgendetwas? Was sie ißt? Irgendetwas Problematisches, auf das Sie kämen, wenn Sie es genau untersuchten?

Karen: (lange Pause) Ich kann mir nichts vorstellen.

Muster-Spezialist: Irgendetwas wirklich Wichtiges? Irgendetwas, das ins Auge springt, wenn Sie es untersuchten?

Karen: Ich habe es nicht untersucht. Das einzige, was ich tun kann, ich kann es untersuchen und herausfinden.

Muster-Spezialist: (zu Pamela) Was meinen Sie, was würde sie finden, wenn sie es untersuchen würde?

Pamela: (lange Pause) Oh, ich weiß nicht. Vielleicht, wo ich mich mit etwas einschränken würde.

Muster-Spezialist: Was glauben Sie, was wären die größten Probleme, die sie finden würde?

Pamela: (Lachen) Vermutlich die zwei Kekse, die ich gegessen habe!

Karen: Von denen ich nichts weiß?

Pamela: Nein, nein. Das war letzten Sonntag.

Muster-Spezialist: Ein Gelage? Eine Kleinigkeit?

Karen: Wir hatten ein besonderes Essen, weil ich diese Woche Geburtstag hatte und sie bereitete mir etwas Besonderes zu.

Pamela: Und ich schoß ein bißchen übers Ziel hinaus.

Muster-Spezialist: Gut. Sie meinen, das wäre das größte Problem, das sie finden könnte?

Pamela: Oh, ich glaube gestern war ein schlimmer Tag. (Gemurmel)

Muster-Spezialist: Es war etwas, das Sie aßen, etwas Besonderes, das Sie aßen? Oder wo Sie aßen? Sie meinen, das würde sie finden?

Pamela: Ja, vielleicht.

Muster-Spezialist: Sonst noch etwas wirklich Wichtiges? Nun, das ist wirklich nützlich, wirklich. Wir haben es [das Tagebuch] da hinten untersucht und wollten sehen, ob Sie irgendetwas gefunden haben. Ich werde jetzt nachschauen, ob sie [das Team] noch etwas anderes haben.

(Muster-Spezialist geht hinaus)

> ***Kommentar:***
> *Die Anregung an Karen, Mustern in Pamelas Eßtagebuch nachzuspüren, wird zum zentralen Punkt der nächsten Intervention. Diese Intervention betrifft einen Wettkampf, bei dem Pamela ihr tägliches Eßmuster verändert, um zu sehen, ob Karen dies bemerkt und welche Abweichungen auftreten.*

Koordinator: Wir haben eine ungemein wichtige Aufgabe für Sie. Und ich weiß, daß Sie diese hervorragend erledigen werden. Sie haben dafür zwei Wochen Zeit. Und so sieht sie aus: Wir möchten, daß Sie ganz genau das weitermachen, was Sie bisher getan haben — Erinnerungen, Notizen usf. Gut. Wir möchten, daß Sie, Karen, Ihre Aufmerksamkeit vergrößern. Nehmen Sie dieses Notizbuch und studieren Sie es. Wir haben Sie befragt und es war für Sie nicht leicht, Antworten zu geben.

Karen: Ja.

Koordinator: Wir möchten gerne, daß Sie es studieren und sehen, ob Sie den Teil ihres Eßverhaltens identifizieren können, der am problematischsten ist. Dann den Teil, der am zweitmeisten problematisch ist, dann den, der am drittmeisten problematisch ist.

Karen: In Ordnung.

Koordinator: Dabei gibt es keine richtigen oder falschen Antworten. (Lachen) Wir möchten einfach, daß Sie sie finden — so wie Sie sie sehen.

Karen: In Ordnung.

Koordinator: Gut. Pamela, wir möchten, daß Sie auch weitermachen, fangen Sie ein ganz neues Notizbuch an, so eins wie dieses hier und schreiben Sie alles rein so wie bisher. Halten Sie alles so fest wie bisher. Und wir möchten, daß Sie diese Woche eine kleine Änderung einführen bei irgendeinem Lebensmittel, das für Sie ein Problem ist. Das müssen Sie alleine entscheiden. Eine kleine Änderung, so daß dann, wenn Sie Karen in einer Woche Ihre Aufzeichnungen übergeben, sie daran gehen kann, zu suchen und herauszufinden, welche Änderung Sie machten.

(Klopfen an der Tür — Koordinator geht hinaus)

Koordinator: Sie möchten, daß es ganz klar ist, daß Sie es verstanden haben, Pamela, eine ganz entscheidende Sache — diese Änderung, die Sie bei Ihrem Essen machen, von der dürfen Sie Karen überhaupt nichts erzählen. (Pamela fängt an zu lachen) Die ganzen zwei Wochen nicht. Nicht, bis Sie in zwei Wochen wieder hierherkommen. Nicht einmal dann, wenn Sie es untersucht hat. Ich möchte, daß Sie Ihr zweites Notizbuch heute in einer Woche Karen geben, damit Sie auch das untersuchen kann.

Pamela: In Ordnung.

Karen: Soll ich beide miteinander vergleichen?

Koordinator: Hm, Sie werden es müssen, um den Unterschied zu finden.

Karen: Gut.

Koordinator: Aber finden Sie zuerst die Problembereiche heraus, aus diesem Notizbuch [dem ersten Eßtagebuch]. Und stellen Sie sicher, daß Sie dies erst aufschreiben und dann erst das zweite Buch kriegen, um die Änderungen herauszufinden. Aber das ist ein Geheimnis. In Ordnung?

Pamela: In Ordnung. (Lachen)

Koordinator: Und jetzt könnten Sie es Karen ziemlich einfach machen, es herauszufinden.

Pamela: Das könnte ich?

Koordinator: Das könnten Sie, ja, ja, das könnten Sie, jeder könnte das. Oder Sie machen es ihr unmöglich oder Sie machen es so, daß es irgendwo dazwischen liegt. (Lachen) Das bleibt ganz allein Ihnen überlassen. Denken Sie darüber nach und dann fangen Sie morgen an.

> ***Kommentar:***
> *Diese Intervention stellt einen Kontext her, in dem Pamela ein Interaktionsspiel „gewinnen" kann, indem sie ihr Eßverhalten derart ändert, daß es Karen nicht gelingt, diese Änderung zu entdecken. Im Verlauf dieses Interaktionsspiels könnte Pamela den sekundären Effekt erzielen, ihr problematisches Eßverhalten zu reduzieren. Wesentlich ist, daß sich jetzt der Kontext verlagert — von „Gewicht abnehmen" zu „Wettkampf" mit der Mitbewohnerin.*

Sitzung vier

Als der Koordinator die Klientinnen zum Interview begleitete, gab Pamela zu verstehen, daß sie in den beiden letzten Wochen sieben Pfund abgenommen hatte (vier Pfund in der ersten und drei in der zweiten Woche). Diese Information wurde ans Team weitergegeben und die Sitzung begann dann damit, daß der Koordinator sich nach den Aufgaben erkundigte.

Koordinator: Nun, was ist das Wichtigste, was passiert ist? Wer möchte anfangen?

Karen: (Lachen) Ich weiß es nicht, ich war am Anfang der Woche krank.

Pamela: Ich habe einfach drei Pfund abgenommen.

Koordinator: Das ist das Wichtigste, was passiert ist?

Pamela: Nun ja, das ist nicht gerade sehr viel.

Koordinator: Hm, was geschah mit der Aufgabe?

Karen: Ich konnte nur an drei Bereiche denken . . . ich meine, an zwei Bereiche. Und einer davon ist sicher nicht ganz zulässig.

Pamela: (Kichern)

Koordinator: Aha. Welche sind es?

Karen: Also der eine, ich dachte, ihre Essenszeiten seien so unregelmäßig.

Koordinator: Ja.

Karen: Und das andere, ich dachte, sie ißt nicht genügend Gemüse.

Koordinator: (lange Pause) Noch etwas anderes Wichtiges?

Pamela: Hm, ich habe versucht, kein Fleisch mehr zu essen.

Koordinator: Ist es das, was Sie geändert haben?

Pamela: Hmm.

Koordinator: Hat sie es jemals herausgefunden, was Sie geändert haben?

Karen: Nein.

Pamela: Nun, ich habe mich bemüht, beim Fleisch kürzer zu treten.

Koordinator: Sie haben es versucht, und sie hat es nicht gemerkt.

Karen: Ich hab das nicht besonders gut gemacht. Es ist schwer zu wissen, wonach man suchen soll.

Koordinator: Ja, wenn Ihnen keiner einen Hinweis gibt . . . wenn Pam es vor Ihnen verheimlicht!

Pamela: Es gab Zeiten, da hatte ich zwei Mahlzeiten am Tag und es gab Tage, da kam ich mit einer aus. Und manchmal hatte ich überhaupt keine.

Koordinator: Haben Sie Ihre Aufzeichnungen dabei?

Karen: Ja.

Koordinator: Hmhm, gibt es sonst noch etwas?

Pamela: Hm . . . nein.

Koordinator: Gut, ich möchte es mit nach nebenan nehmen.
(Koordinator geht hinaus)

Kommentar:
Der Rest dieser Sitzung machte deutlich, daß Karen nicht imstande war, Pamelas Änderungen klar zu erkennen. Das Team präsentierte dieselbe Form der Aufgabe mit dem Ergebnis, daß Pamela mit jeder folgenden Sitzung an Gewicht verlor. Nach insgesamt acht Sitzungen wurde die Therapie beendet. Eine Nachuntersuchung ergab, daß Pamela der Ansicht war, sie hätte erfolgreich ihre Fähigkeit gesteigert, Verantwortung für ihr Eßverhalten und ihren Gewichtsverlust zu übernehmen.

Abschließende Bemerkungen

Dieser Fall illustriert einen Teamansatz, eine therapeutische Wirklichkeit zu konstruieren, die auf der ausdrücklichen Handhabung von Semantik (Bedeutungs-Prüfung) und Politik (Muster-Prüfung) basiert. Dieser Ansatz nutzt alles das, was Klienten als Bausteine und Möglichkeiten spezifischer Interventionen präsentieren. Insbesondere dirigieren Klienten Therapeuten rekursiv, wie semantische und politische Rahmen zu konstruieren sind. Diese Muster der Anleitung in bezug auf Semantik und Politik ausdrücklich zu erkennen und zu organisieren, bereitet den Weg, die Konstruktion effektiver therapeutischer Wirklichkeiten zu lernen.

Analyse einer systemischen Konsultation (Konsultant: Harold A. Goolishian)

Debra Denman mit Harold A. Goolishian

Die nun folgende Konsultation einer Familie zeigt noch einmal, wie sich semantische und politische Rahmen verwenden lassen, eine therapeutische Wirklichkeit herzustellen.

Der Konsultant, Harold A. GOOLISHIAN, Ph. D., ist Direktor und „Senior Faculty Member" des „Galveston Family Institute" in Galveston, Texas. Die Familie präsentierte einen identifizierten Patienten mit Medikamentenmißbrauch, der in der Ambulanz einer psychiatrischen Klinik behandelt wurde. Er erschien nur unregelmäßig zur Therapie.

Es folgt nun das kommentierte, leicht überarbeitete und unwesentlich gekürzte Transkript der Konsultationssitzung.

Die Familie, eine weiße Mittelklassefamilie, bestand aus Karla, der Mutter, Henry, dem Vater, und zwei Söhnen, Mike, dem identifizierten Patienten und Dave, dem jüngeren Sohn.

Konsultation

Karla: Wir brauchen irgendwas, um Mike zu helfen.

> ***Kommentar:***
> *Die Aussage der Mutter stellt einerseits einen allgemeinen semantischen Rahmen bereit, der die Bedeutung ihres Erscheinens definiert, das nämlich damit zu tun hat, Mike zu helfen. Auf einer anderen Ebene verweist die Aussage der Mutter auf ihre politische Beteiligung an problemlösenden Verhaltensweisen — ein Hinweis auf die verborgene soziopolitische Organisation der Familie.*

Goolishian: Nun, das kann ich Ihnen nicht versprechen. Ihre Therapeutin hat mir ein wenig über Mike erzählt und etwas über die Behandlung, die Du erhalten hast, Mike. Ich glaube, Du hast die Leute aus der Klinik hier jetzt seit anderthalb Jahren gesehen . . .

Mike: Nein. Ich glaube seit Mai.

Goolishian: Okay. Das sind sieben Monate. Okay. Und ich weiß von Ihnen wirklich so gut wie gar nichts.

Kommentar:
Anstatt Mikes Behandlung eingehend zu erforschen, geht der Therapeut dazu über, jedes Familienmitglied anzusprechen.

Henry: Ich arbeite in der Fernsehverwaltung.

Goolishian: Da wird eine Ingenieursausbildung verlangt?

Henry: Eigentlich nicht. Aber es geht schon um solche Sachen.

Goolishian: Ja, das hört sich so an. Und Sie, Karla, worum kümmern Sie sich? Was machen Sie?

Karla: Ich bin einfach Hausfrau, eine biedere Hausfrau. (Lachen)

Goolishian: Ja, aber so etwas wie eine einfache, biedere Hausfrau gibt es nicht.

Karla: Nein. Ich bin seit langer Zeit Mutter und Hausfrau.

Goolishian: Mal sehen, Sie haben diese Beiden und Sie haben noch eins mehr, glaube ich.

Karla: Ich habe einen, wir haben einen Sohn, der 27 ist. Und Mike ist der älteste. Er ist 29. Und wir haben eine Tochter.

Goolishian: Oh. Sie haben auch eine Tochter.

Karla: Sie ist 24.

Goolishian: Aha. 24. Und wie alt bist Du, Dave?

Dave: 20.

Goolishian: Du bist das Baby der Familie, nicht wahr?

Dave: Der Jüngste.

Karla: (zeigt auf Dave und Mike) Der Jüngste und der Älteste.

Goolishian: Der Jüngste. Okay. (Lachen) Und was für Sachen machst Du so?

Dave: Nun, ich bin Vollzeitstudent.

Goolishian: Oh, was studierst Du?

Dave: Ich studiere im Hauptfach Computerwissenschaft.

Goolishian: Computerwissenschaft. Was willst Du später damit anfangen?

Dave: Nun, ich hoffe, ich bekomme eine gute Stelle als Programmierer oder, hm, so etwas . . .

Goolishian: Wahrscheinlich die Welt anleiten.

Dave: . . . wie Datenbasis.

Goolishian: Okay. Und in welchem Semester bist Du?

Dave: Ich bin Junior.*

Goolishian: Junior. Aha.

Dave: Und ich arbeite gegenüber im Plattengeschäft.

Goolishian: Ja. Und, Mike, was machst Du?

Mike: Ich weiß es wirklich nicht.

Goolishian: Weißt es wirklich nicht. Gut. Hast Du gearbeitet?

Mike: Ja.

Goolishian: Was für Arbeiten waren das?

Mike: Auf dem Bau.

Goolishian: Hm. Okay.

Mike: Und ich war Bedienungshilfe und Kellner.

Goolishian: Gut. Und jetzt im Augenblick hast Du keine Stelle?

Mike: Ja.

Goolishian: Gut. Wie verbringst Du so Deine Zeit?

Mike: Ich bin meistens ziemlich deprimiert.

Goolishian: Okay.

> ***Kommentar:***
> *Konstruiert wird die Bedeutung von Mikes Verhalten, wenn er ohne Arbeit ist: er ist „meistens ziemlich deprimiert". Es ist wichtig zu sehen, daß einige Therapeuten in solcher Situation so vorgehen, daß sie genauere Informationen darüber einholen, was unter „deprimiert" verstanden wird (die Forderung nach weiteren semantischen Rahmen).*

Mike: Und ich mache meist nicht viel.

Goolishian: Und meistens machst Du nicht viel. Bleibst meistens deprimiert?

---

* Anm. d. Übers.: Bezeichnung für die ersten beiden Jahre, die man an einem College im Rahmen eines vierjährigen Studiums absolviert.

Mike: Ja.

Goolishian: Das ist ganz schön harte Arbeit — deprimiert zu bleiben.

Mike: Es ist nicht sehr angenehm und ich möchte lieber etwas machen.

> ***Kommentar:***
> *Mike bietet eine politische Forderung nach Veränderung an — „ich möchte lieber etwas machen."*

Goolishian: Gut. Und wenn Du etwas tun würdest, was für Sachen würdest Du dann gerne tun?

Mike: Ich weiß überhaupt nicht, was ich gerne tun würde. Ich habe versucht, darüber nachzudenken. Es ist so, ich fühle mich so schlecht. Ich würde gerne Gitarre spielen, aber ich versteh' nicht viel davon.

> ***Kommentar:***
> *Der Konsultant kommt jetzt auf den ersten semantischen Rahmen der Mutter zurück („Mike zu helfen") und sammelt Informationen darüber, wie die Familie versucht hat, das Problem zu lösen. Dadurch, daß er nach früheren Lösungsversuchen fragt, kann der Konsultant andere Familienmitglieder ansprechen, die mit dem präsentierten Problem verbunden sind.*

Goolishian: Ja. Können Sie mich etwas mehr ins Bild setzen. Was ich von dem verstanden habe, was mir Deine Therapeutin erzählt hat, dann haben Sie alle hier um Hilfe nachgesucht für Mike und die Probleme, die er schon seit längerem hat. Ich würde mich gerne von Ihnen ein wenig mehr ins Bild setzen lassen über alle die Sachen, die Sie versucht haben.

Karla: Was ich sagen will, ist, daß Mike seinen Bruder heraushaben möchte, denn er will — er möchte über einige persönliche Dinge sprechen.

Goolishian: Ja. Gut. Sobald es geht.

Karla: Gut. Ich wollte das nur sagen.

Goolishian: In Ordnung.

Karla: (zu Henry) Nun kannst Du weiterreden.

Henry: Ich glaube, es reicht bis 1974 zurück. Mike wollte ausziehen, aus unserem Haus, in eine eigene Wohnung.

Kommentar:
Die Antwort des Vaters spezifiert nicht die problemlösenden Maßnahmen. Er beginnt stattdessen auf die besondere Sequenz hinzuweisen, die die Familie zur Annahme führte, Mike brauche Hilfe.

Henry: Und das war so eine schnelle Entscheidung. Natürlich wußten wir, wie alt Mike damals war, daß er tun konnte, was er wollte.

Goolishian: Er war, vor sechs Jahren, er war 23?

Henry: Knapp 24.

Goolishian: 24. Okay.

Henry: Und er zog aus. Und dann, etwa anderthalb oder zwei Monate später, da kam er zu uns zurück. Und danach sahen wir ihn einige Wochen nicht.

Goolishian: Gut. Sie haben schon oft davon erzählt und ich möchte sichergehen, daß ich es jetzt verstanden habe. Mike, Du bist ausgezogen und hattest Deine eigene Wohnung, einen Platz zum Leben . . .

Kommentar:
Der Konsultant bemüht sich, ein deutlicheres Bild der politischen Ereignisse zu formen, was Mikes Auszug und anschließende Rückkehr betrifft.

Mike: Jaja.

Goolishian: . . . für ungefähr anderthalb Jahre?

Henry: Nein, für anderthalb Monate.

Goolishian: Anderthalb Monate. Gut. Ich wußte, daß ich etwas nicht richtig mitgekriegt hatte. Und dann kam er zurück und verschwand für zwei Wochen?

Henry: Nun, nicht unbedingt verschwinden. Er war einfach nicht da und wir sahen ihn nicht. Er rief uns an . . .

Karla: Er zog aus. Er sagte uns eigentlich nichts davon, daß er ausziehen wollte. Und er nahm diese Wohnung. Er hatte kein Telefon.

Goolishian: Gut. Von seiner Wohnung aus nahm er keinen Kontakt zu Ihnen auf.

Karla: Nein. Er wollte allein sein.

Kommentar:
Die Mutter bietet einen semantischen Rahmen an, der erklären soll, weshalb Mike keinen Kontakt zur Familie aufnahm: „Er wollte allein sein."

Karla: Deshalb ließen wir ihn in Ruhe und wir hörten nichts von ihm, er kam nicht vorbei. Und ich ging eines Tages hin, um zu sehen, ob alles mit ihm in Ordnung war.

Goolishian: Ja.

Karla: Und, hm . . .

Goolishian: Und? War alles mit ihm in Ordnung?

Karla: Es war.

Goolishian: Gut.

Mike: Ich war in meiner Wohnung sehr krank.

Kommentar:
Mike konstruiert den semantischen Rahmen „Krankheit".

Goolishian: Tatsächlich.

Karla: Wir wußten das nicht einmal. Wir haben es nicht mitgekriegt.

Goolishian: Oh. Was war das für eine Krankheit?

Mike: Mir gingen die Haare aus, überall am ganzen Körper, weil ich in Panik war und dieses Erlebnis hatte.

Kommentar:
Mike bietet einen semantischen Rahmen zur Erklärung an: ihm gingen die Haare aus, weil er „in Panik" war und „dieses Erlebnis" hatte. Der Therapeut wird der Semantik ausweichen und nur die Aussage in Mikes Antwort ansprechen, die sich auf Politik bezieht — das Ausgehen der Haare.

Goolishian: Fiel es aus oder hast Du es Dir irgendwie rausgezogen?

Mike: Nein. Wenn ich badete . . .

Goolishian: Wenn Du badetest.

Mike: . . . dann lag es auf dem Boden der Wanne.

Goolishian: Und das passierte dann immer wieder? Ging es Dir hier aus oder wo?

Mike: Überall.

Goolishian: Überall. Beine? Brust?

Mike: Jawohl.

Goolishian: Schamhaare?

Mike: Jawohl.

Goolishian: Donnerwetter. Das ist ja interessant. Und das passierte, sagtest Du, wenn Du nervös warst?

Mike: Wenn ich in Panik war.

> ***Kommentar:***
> *Die semantische Erklärung von „Angst" wird noch einmal wiederholt.*

Goolishian: In Panik. Gut.

Mike: Haben Sie schon einmal so etwas gehabt?

Goolishian: Oh, früher habe ich über etwas Ähnliches in einem Lehrbuch gelesen, aber ich kann mich nicht mehr sehr gut daran erinnern. Ich glaube, es gibt einen komischen Namen dafür.

Mike: Nun, die Sachen, die mir passieren, sind logisch.

Goolishian: Sie scheinen logisch?

Mike: Ja. Wenn jemand in Panik ist, dann . . .

Goolishian: Hmm.

Mike: . . . gehen ihm die Haare aus.

Goolishian: Nun, verschiedene Leute machen verschiedene Sachen, wenn sie in Panik sind. Ich glaube, Du bist der Haar-Typ.

> ***Kommentar:***
> *Nachdem er den semantischen Rahmen („in Panik sein") „politisiert" hat, steuert der Konsultant die Diskussion wieder auf die Politik der Familie zurück.*

Goolishian: Ja, gut. Und Sie alle kamen zu dieser Zeit aber noch miteinander in Berührung?

Mike: Ich wollte es. Ich versuchte, den Kontakt herzustellen.

Goolishian: Ja.

Mike: Ich war sehr krank. Ich hatte Angst vor Menschen.

Kommentar:

Die semantischen Rahmen „Angst" und „Krankheit" werden wieder benannt. Es bleibt festzuhalten, daß die Erklärungen der Mutter und von Mike, weshalb Mike keinen Kontakt zur Familie aufnahm, drei allgemeine Annahmen einschließen: (1) er wollte allein sein, (2) er hatte Angst und (3) er war „krank". KEENEY und SILVERSTEIN (1986) haben darauf aufmerksam gemacht, daß die beste Quelle bedeutsamen Rauschens den Ideen und Vorstellungen der Familien über ihre problematische Situation entspringt. Die Aufgabe des Konsultanten besteht darin, diese Informationen so zu handhaben, daß es den Familien möglich wird, sie als therapeutische Möglichkeit zu nutzen.

Goolishian: Hm. Gut.

Mike: Und ich habe sie noch.

Goolishian: Ah ja.

Mike: Aber weniger.

Goolishian: Oh, sie hat sich ein wenig gegeben.

Mike: Ja. Nun, sie war weniger und jetzt . . .

Goolishian: Hm.

Mike: . . . ist sie etwas stärker, aber nicht so schlimm wie früher.

Goolishian: Gut. Wenn Sie Mike treffen, was dann?

Kommentar:

Der Konsultant kontrolliert die Information und steuert die Kommunikation in Richtung Politik.

Karla: Nun, er ist nicht übermäßig freundlich zu mir, wenn ich ihn in seiner Wohnung besuche. Er war tatsächlich, er war irgendwie kalt. Ja. Und ich sagte, nun . . .

Goolishian: War er streitlustig?

Karla: Ich würde sagen, er wollte allein sein und nicht gestört werden.

Goolishian: Ich verstehe. Er will immer noch nicht gestört werden.

Karla: Wir waren froh, daß er auf eigenen Füßen stehen wollte. Aber er war ängstlich.

> ***Kommentar:***
> *Der semantische Rahmen „er wollte allein sein“ wird von der Mutter umgedeutet zu „er wollte auf eigenen Füßen stehen“.*

Goolishian: Ja. Waren Sie vorher schon in Sorge, daß er es nicht schaffen könnte, auf eigenen Füßen zu stehen?

Karla: Nein.

Goolishian: Nein?

Karla: Nein, er war schon immer eine eigenständige Person.

Goolishian: Hm.

Karla: Er kaufte sich einen eigenen Wagen. Als er die Oberschule abschloß, hatte er genug Geld gespart, um ein Auto bar zu bezahlen.

> ***Kommentar:***
> *Die Mutter bietet einen semantischen Rahmen an, der sich auf eine Veränderung bei Mike bezieht: er ist das „Gegenteil“ dessen, was er sein sollte. Wir sehen an dieser Stelle der Geschichte, daß die Eltern nicht erkannten, daß Mike Hilfe brauchte: „er arbeitete“, er ging zur Schule und „wir dachten, er wollte nur auf eigenen Füßen stehen“. Der Konsultant bemüht sich wiederholt darum, spezifische Ereignisse zu finden, die die Familie zur Annahme brachten, daß Mike Hilfe braucht. Mit einem solchen politischen Rahmen wäre es dem Konsultanten möglich, den Anfang problemlösender Maßnahmen zu untersuchen.*

Goolishian: Was war der erste wirkliche Hinweis, den Ihr hattet, daß etwas schief laufen könnte.

Karla: Nun ja, ich weiß es wirklich nicht.

Henry: Nein. Noch nicht einmal dann.

Goolishian: Oh, nicht einmal dann?

Henry: Weil er arbeitete. Er ging zur Schule.

Goolishian: Hmhm.

Henry: Okay. Aber dann, eines Abends kam er an und sagte, er wollte nicht nach Hause zurückkommen. Und wir sagten: „Nun gut, wenn es das ist, was Du willst.“

Goolishian: Gut.

Henry: Er hatte seine Miete bis zum Monatsende bezahlt. Und er wollte einfach wiederkommen und sich ausruhen. Er sagte, er würde in seiner Wohnung nicht allzu gut schlafen. Ja, ich weiß nicht, war es das Wochenende oder war es das nächste Wochenende, wo wir ihm halfen, sein Bett wieder in unser Haus zurückzuschaffen.

Karla: Und als er wieder in seiner Wohnung war, verschwand er an den Strand. Ich weiß nicht genau, was passierte, aber er sagte, er war am Strand.

Goolishian: Ja.

Karla: Und er sah da ein Mädchen, das gut aussah und er meinte, er sollte sie ansprechen. Und das machte er. Er saß auf einem Felsen, während sie wieder zurückgegangen war und er ging auch wieder an seinen Platz zurück.

Goolishian: Hm.

Karla: Und er saß in der Sonne, den Kopf auf der Brust und da kam der Freund oder der Mann. Er sagte, er sah ihn genau an und der Mann, dieser pingelig aussehende Kerl, nahm sein Surfbrett und haute es ihm über den Schädel.

Goolishian: Du meine Güte. Einigen Leuten kann man wohl nichts erklären.

Karla: Und, hm . . .

Mike: Einigen Leuten kann man — was?

Goolishian: Ich sagte, einigen Leuten kann man wohl nichts erklären. Warum in aller Welt machte er so etwas Dummes?

Karla: Ich weiß es nicht. Mike sagte, alles was er getan hat, war, das Mädchen zu fragen, ob sie alleine sei, weil er eine Freundin suchte. Er sagte, er hat nichts getan, was sie beunruhigen könnte.

Goolishian: Ja.

Karla: Und er ging zum Arzt, wurde geröntgt und sie konnten keine Kopfverletzung feststellen. Das passierte, als er in seiner Wohnung lebte und das beunruhigte ihn.

> ***Kommentar:***
> *Der semantische Rahmen „Furcht" wird erneut betont.*

Karla: Dazu kommt, er sagte eines morgens, nachdem er nachts gekellnert hatte und am Samstagmorgen lange schlief

Goolishian: Hm.

Karla: Da hörte er jemanden an der Wohnungstür klopfen und er war so müde, daß er nicht aufstehen wollte. Als er irgendwann aufgestanden war, war ein Mann in seine Wohnung gekommen. Er war zu Tode erschrocken, daß der hereingekommen war, ohne daß er ihn gehört hatte. Er schlief da, glaubte, sicher zu sein, vor jedem, der ihn ängstigen könnte.

> ***Kommentar:***
> *Der semantische Rahmen „erschrecken" wird weiter aufrechterhalten.*

Goolishian: Was geschah, als Sie zum ersten Male auf den Gedanken kamen, daß Mike vielleicht Hilfe braucht?

> ***Kommentar:***
> *Der Konsultant erfragt wieder politische Information über das Ereignis, das die Familie glauben ließ, daß Mike Hilfe braucht.*

Henry: Ja, das wußten wir selbst nicht so genau damals.

Goolishian: Aha. Das habt Ihr dann später erst verstanden.

Karla: Er hat es uns nicht gesagt.

Henry: Genau.

Goolishian: Genau.

Henry: Er ist natürlich zurück in unser Haus gezogen. Und er hatte immer diese Kopfschmerzen, sie kamen und gingen.

Goolishian: Aha.

Henry: Und, jedenfalls, im Juni zog er aus und im August zog er wieder ein.

Goolishian: Okay.

Henry: Ich weiß nicht, ob er im September wieder mit der Uni anfing oder ob er das Semester sausen lassen wollte.

Goolishian: (zu Dave) Du mußt damals ungefähr 14 gewesen sein.

> ***Kommentar:***
> *Der Konsultant erweitert den politischen Kontext, indem er die Beteiligung des jüngeren Sohnes mitberücksichtigt.*

Dave: Ja, ich war 14.

Goolishian: Ja, okay.

Henry: Weißt Du noch, ob er schwänzte oder . . .

Karla: Er ging nicht wieder zur Schule.

Henry: Aha. Er wollte ein Freisemester.

Goolishian: Hm, hm.

Henry: Er meinte, er hätte zu sehr studiert und er käme schon damit zurecht. Und es dauerte wirklich bis Mitte Januar des nächsten Jahres, ehe uns der Verdacht kam, daß mit Mike tatsächlich etwas nicht in Ordnung war.

Goolishian: Gut. Und was geschah dann, das es Euch wirklich klar machte?

> ***Kommentar:***
> *Der Konsultant beginnt, die politischen Ereignisse, die als „Problem-Verhalten" kontextualisiert wurden, festzulegen.*

Henry: Nun, er wurde gereizt. Manchmal, wissen Sie, da fühlte er sich wirklich schlecht und dann, am nächsten Tag oder so, da ging es ihm prima. Und da fingen wir an, uns über sein Verhalten Gedanken zu machen.

> ***Kommentar:***
> *Der Vater antwortet mit semantischen Rahmen von Mikes Verhalten: „gereizt", „schlecht fühlen". Wir können festhalten, daß der Vater auf den zeitlichen Zyklus verweist, der Mikes Verhalten organisiert: manchmal fühlt er sich schlecht und am nächsten Tag geht es ihm prima.*

Goolishian: Ja. Okay.

Henry: Was es wirklich klar machte . . .

Goolishian: Hast Du das auch mitgekriegt, Dave?

Dave: Mitgekriegt, ja . . .

Mike: Was hast Du gesagt, Papa?

Henry: Ja, ich war noch nicht fertig. Hm, was ich . . .

Mike: Was hast Du gesagt?

Henry: Was ich sagen wollte, ist das, was es uns wirklich klar machte, daß mit Mike etwas nicht in Ordnung war. Eines Tages kam er aus dem Haus mit einem Baseballschläger in der Hand, und drosch damit auf den Holzstapel, den wir hinten auf dem Hof hatten.

Kommentar:
Der Vater beginnt, das spezifische Ereignis zu bestimmen, das die Familie glauben machte, daß Mike Hilfe braucht.

Henry: Und da wußte ich, daß er etwas hatte, was nicht zu kontrollieren ist, daß er Hilfe kriegen mußte.

Goolishian: Okay. Und ich dachte gerade darüber nach, wo Dave damals steckte. Hast Du das mitgekriegt?

Dave: Ich war natürlich jung und ich hatte von sowas keine Ahnung. Ich begriff wirklich nicht, was da passierte.

Goolishian: Gut.

Kommentar:
Hier wird die Familie nun das spezifische Ereignis darlegen, das sie zur Annahme brachte, daß etwas nicht in Ordnung war. Der Konsultant läßt zu, daß die Geschichte erzählt wird, bis er einen Zugang findet, um auf die vorangegangenen Problemlösungsversuche zurückzukommen.

Dave: Aber ich erinnere den Krach, als er mit dem Schläger auf den Hof rannte.

Goolishian: Hm.

Dave: Und ich glaube, ich mähte gerade hinten Rasen.

Karla: Ich sprach mit einem Nachbarn.

Henry: Du mähtest vorne, vorne im Garten.

Dave: Vorne. Egal. Jedenfalls hörte ich einen, ich hörte einen Schrei.

Karla: Ja. Er brüllte, als er . . .

Dave: Ja. Ich hörte einen Schrei und dann, ja, gab es einen Knacks, als er den Schläger zertrümmerte.

Goolishian: Ja, bestimmt.

Dave: Ich hörte den Schläger krachen und ich hörte ihn treffen, ich hörte, wie er den Zaun traf.

Goolishian: Oh, er schaffte es tatsächlich, den Schläger zu zerbrechen?

Karla: Gewiß.

Henry: Gewiß.

Dave: Er zerbrach ihn nicht, er zersplitterte.

Goolishian: Er zersplitterte. Aha.

Karla: Ich sprach mit einem Nachbarn.

Goolishian: Dir hat bestimmt die Hand weh getan?

Mike: Ich weiß es nicht mehr.

Karla: Er brüllte dann und ich sprach nebenan mit einem Nachbarn und hörte, daß da etwas lief. Er brüllte und ich wußte überhaupt nicht, was da los war. Und dann hörte ich, wie auf etwas eingedroschen wurde.

Henry: Das war, nachdem er mit dem Schläger auf den Holzhaufen geschlagen hatte, daß er wegging und einfach losbrüllte.

Goolishian: Hm.

Henry: Und dann kam er ins Haus zurück.

Dave: Und dann schmiß er ihn durch die Gegend.

Goolishian: Aha.

Henry: Ja, genau. Er schmiß ihn einfach weg.

Dave: Er schmiß ihn weg, und er riß ein Brett aus dem Zaun.

Goolishian: Okay. Und sind Sie damals mit ihm zu jemandem gegangen?

> ***Kommentar:***
> *Nachdem er das politische Ereignis, das die Familie zur Annahme brachte, daß etwas nicht stimmt, festgelegt hat, geht der Konsultant dazu über, den politischen Rahmen auszudehnen, indem er nach anderen fragt, die ihnen mit Mike geholfen haben (oder nicht). Es stellt sich heraus, daß Mike nicht nur viele Mediziner gesehen hat, sondern auch Medikamonte erhält und des öfteren in Kliniken war.*

Karla: Wir gingen mit ihm zu unserem Hausarzt.

> ***Kommentar:***
> *Wir müssen uns daran erinnern, daß Mike zu Beginn dieser Sitzung den semantischen Rahmen „Krankheit“ eingebracht hat. Im folgenden Dialog können wir erkennen, wie dieser semantische Rahmen reifiziert (d.h. politisiert) wird durch die Versuche der Eltern, medizinische Hilfe zu erhalten.*

Karla: Und der Arzt gab ihm ein bißchen Valium und sagte ihm, er solle es nicht so schwer nehmen und er werde schon sehen, daß er damit zurechtkommt. Ja, Mike schlief monatelang wohl nur drei Stunden.

Goolishian: Donnerwetter.

Karla: Das war's. Er ging wieder zur Schule.

Goolishian: Ja.

Karla: Und er kam aus der Schule und arbeitete bis 3 Uhr morgens und kam nach Hause und ging schlafen um halb vier oder vier und stand um halb sieben auf und ging wieder zur Schule. Und das ging so weiter, ich weiß nicht genau, sechs Monate.

Goolishian: Ja.

Karla: Ich wachte manchmal um halb vier, vier auf. Und ich ging nach nebenan und sah ihn von der Arbeit kommen und ich sagte: „Mike, Du mußt ein bißchen kürzer treten." Er war gewarnt, aber er wollte nicht kürzer treten.

> ***Kommentar:***
> *Die Mutter formuliert die sequentielle Organisation der Ereignisse, die ihre Problemlösungsversuche mit einschließen — nämlich: die Mutter wacht früh auf, Mike kommt spät heim, Mutter sieht ihn heimkommen und „warnt" ihn, doch kürzer zu treten. Mike tritt nicht kürzer.*

Goolishian: Er wollte einfach nicht.

Karla: Nein.

Goolishian: Gut.

Karla: Und der Arzt, Mike ging wieder hin und der Doktor überwies uns, er sagte, er sollte zum Psychiater.

Goolishian: Hm.

Karla: Nun gut. Wir hatten keine Ahnung, zu wem wir ihn schicken sollten. Der Arzt empfahl uns zwei und der eine hatte seine Praxis aufgegeben. So brachten wir ihn zu einem Psychiater und machten gleich einen Termin. Wir brachten Mike zu ihm. Mike ging alleine rein. Und kaum war er drin, da — mußtest Du nicht zuerst diese Tests machen? Ja, er machte zwei von denen.

Goolishian: Richtig.

Karla: So eine Art, ich weiß nicht, wie sie das nennen.

Goolishian: Hm.

Karla: Und Mike war nicht länger als 20 Minuten oder 15 im Sprechzimmer, als der Doktor, ich weiß nicht, ob es überhaupt so lange war. Und dann ging ich rein und er sagte: „Wir möchten Ihren Sohn in die Klinik bringen."

Goolishian: Du meine Güte.

Karla: Und ich sagte, nun, ich war geschockt. Und da sagte er: „Ich möchte, daß er in die Klinik geht." Da nahm ich ihn mit. Und er sagte, gehen Sie gleich zur Klinik.

Goolishian: Keinen Umweg. Direkt. Geradewegs.

Karla: Ja. Ich war geschockt. Er sagte mir nicht, was Mike fehlte.

> ***Kommentar:***
> *In dieser Sequenz bietet die Mutter einen semantischen Rahmen („geschockt") für die politische Forderung des Arztes (Mike in die Klinik einzuweisen). Das ist ein möglicher Hinweis darauf, daß die Mutter dem medizinischen Urteil des Arztes mißtraut.*

Karla: Und so ging ich geradewegs los und brachte ihn in die Klinik.

> ***Kommentar:***
> *Eine politische Handlung, die den semantischen Rahmen „Krankheit" reifiziert.*

Goolishian: Er nannte Ihnen keine Diagnose?

> ***Kommentar:***
> *Auf der einen Ebene spricht der Konsultant die politische Beziehung zwischen Mutter und Arzt an. Auf einer anderen Ebene können wir allerdings hypothetisieren, daß der Konsultant sich mit dem Mißtrauen der Mutter gegen den Psychiater verbündet [joining]. Im weiteren Verlauf des Gesprächs wird der Konsultant diese semantischen Rahmen, die Mutter und Vater bereitstellen, verwenden, um sich so mit ihnen gegen die politischen Entscheidungen des Psychiaters zusammenzutun [joining]. Die Konstruktionen eines solchen Dreiecks legen den Grundstein, um die medizinische Sicht von „Krankheit" in Frage zu stellen.*

Karla: Nein. Keine.

Goolishian: Sie sollten ihn nur schnurstracks zur Klinik bringen. Oh, Mann.

Karla: Und er sagte, er müsse in die Klinik. Ich vermute, der Doktor weiß, was er tut. Mein Arzt, sein Arzt hat ihn empfohlen und das ist ein sehr guter Arzt.

> ***Kommentar:***
> *Dies ist ein weiterer Hinweis, daß die Mutter dem ärztlichen Urteil mißtraut.*

Karla: Ich brachte ihn also ins Krankenhaus und ging nach Hause und mein Mann sagte: „Weshalb muß er ins Krankenhaus?" Und . . .

Goolishian: Und Sie wußten überhaupt nichts, nicht wahr. (Lachen)

> ***Kommentar:***
> *Der Konsultant schließt sich weiterhin der Ansicht der Mutter an [joining].*

Karla: Ich sagte: „Ich weiß es nicht." Ich sagte: „Der Arzt hat es mir nicht gesagt." Ich ging zum Telefon, erreichte den Auftragsdienst, und ließ ihm ausrichten, daß er mich bitte anruft. Der Arzt rief mich nicht an. Ich sagte: „Gut, ich will wissen, weshalb mein Sohn im Krankenhaus ist." Und ich rief immer wieder an und dann rief der Auftragsdienst zurück und sagte: „Der Doktor sagt, er wird es Ihnen morgen vormittag sagen."

Goolishian: Ja.

Karla: Ich war total schockiert. Und er ließ mich leiden. Und selbst am nächsten Morgen bekam ich nichts raus. Er sagte: „Oh nein, wir müssen noch einige Tests machen."

Goolishian: Hm, hm.

Karla: Das war ein fürchterlicher Tag für uns.

Goolishian: Darauf würde ich wetten.

Karla: Er sagte, Mike hätte eine Psychose.

Goolishian: Psychose?

Karla: Wie auch immer. Was ist das? Eine schwere Geisteskrankheit?

Goolishian: Normalerweise ja. Hm.

Karla: Und ich wußte wirklich nicht, was das war. Ich mußte das nachschlagen und . . .

Goolishian: Er war nicht sehr mitteilsam, oder?

Kommentar:
Der Konsultant umgeht den semantischen Rahmen „Krankheit“ und spricht die politische Beziehung zwischen Mutter und Arzt an. Und auch hier ist die wörtliche Bedeutung dessen, was über „Psychose“ gesagt wurde, weniger wichtig, als daß der Konsultant die semantischen Rahmen auf solche Weise handhabt, daß er sich weiterhin mit der Mutter gegen die politischen Handlungen des Psychiaters verbünden kann [joining].

Karla: Nein, wirklich nicht. Ich mußte meinen Arzt anrufen und er überwies mich zu einem anderen Psychiater, so daß Mike . . .

Goolishian: Das war nach einigen Wochen.

Karla: Wir hatten sogar eine Besprechung mit dem Doktor.

Henry: Wir konnten nichts mehr über die Behandlung herauskriegen . . . Diagnose, Prognose, was auch immer.

Goolishian: Er sagte nicht einmal etwas dazu, worauf Ihr Euch freuen könnt.

Henry: Ganz genau.

Karla: Nichts.

Henry: Schließlich setzen wir ein Treffen durch, wo er uns was erzählen sollte.

Goolishian: Hm.

Henry: Mike war seit zwei, zweieinhalb Wochen in der Klinik. Und dann bei diesem Treffen hat er uns natürlich ein paar Informationen gegeben und wir hatten dann weitere Fragen.

Goolishian: Hm.

Henry: Und er regte sich ziemlich über meine Frau auf und sagte: „Ich kann nicht länger mit Ihnen reden.“ Und er sagte: „Ich werde mich mit Ihrem Mann etwas länger unterhalten, aber Sie müssen hinausgehen.“

Goolishian: Er regte sich über Sie auf?

Karla: Er konnte mich nicht ausstehen.

Henry: Er konnte ihre Fragen nicht ausstehen.

Goolishian: Du meine Güte.

Karla: Er war wohl zu jung. Was glauben Sie, wie alt war er? Er war jünger als ich. Er war ein ganzes Stück jünger, vielleicht 36.

Goolishian: Aha.

Karla: Jedenfalls . . .

Goolishian: Vielleicht hat er Probleme mit seiner eigenen Mutter.

> ***Kommentar:***
> *Dies könnte als Intervention aufgefaßt werden, wo eine sozial-interaktionale Form der Erklärung eingebracht wird. Ein solcher semantischer Rahmen stellt das medizinische Thema „Krankheit" in Frage.*

Karla: Ich will Ihnen sagen, was dann passierte.

Goolishian: In Ordnung. (Lachen)

Henry: Genau das hat meine Frau ihm auch gesagt.

Goolishian: In Ordnung. (Lachen)

Henry: Und das ist der Punkt, wo sie rausgehen mußte.

Goolishian: Donnerwetter.

Karla: Was passierte, war, daß wir keine Berichte erhielten. Er stellte 90 Dollar pro Tag in Rechnung . . .

Goolishian: Hm.

Karla: . . . aber nein, er erzählte uns nichts und sagte: „Wenn Sie den Bericht wünschen, rufen Sie die Krankenschwester und fragen Sie die." Ja, nun, eine Krankenschwester wird uns nichts erzählen.

Goolishian: Oh nein. Darin sind sie groß.

Karla: Ja, wir entschlossen uns, ich ging zu einem anderen Psychiater. Und sie wollten nicht und da wollte ich Mike aus der Klinik nehmen, um ihn in eine andere Klinik zu bringen. Sie wollten nicht. Der Arzt war da und er sagte: „Ich entlasse Ihren Sohn nicht zu Ihnen."

Goolishian: Hm.

Karla: Und deshalb, ich ging und rief den neuen Psychiater an und der sagte: „Gehen Sie zur Verwaltung und sagen Sie dort, daß Sie keine Rechnung mehr bezahlen werden und sie werden ihn schnell entlassen." In der Zwischenzeit versuchte ich, meinem Mann davon zu erzählen und sie ließen mich nicht das Klinik-Telefon benutzen. So ging ich zur öffentlichen Telefonzelle und daran konnten sie mich nicht mehr hindern.

Goolishian: Genau.

Karla: Jedenfalls, als ich Mike raus hatte . . .

Goolishian: Was wollte dieser Kerl, das Sie tun, tot umfallen oder so etwas?

> ***Kommentar:***
> *Der Konsultant verbündet sich wieder mit der Mutter gegen den Psychiater.*

Karla: Ich weiß es nicht. Jedenfalls, ich sagte ihm: „Ich will", sagte ich, „und jetzt lassen Sie mich bitte mit meinem Sohn gehen."

Goolishian: Hm.

Karla: Ich erzählte diesem Arzt, daß er uns keine Informationen gibt und er sagte „Nein, das können Sie nicht machen" und ich sagte: „Ja, wieso nicht? Erinnere ich Sie an Ihre Mutter oder so etwas?"

> ***Kommentar:***
> *Dies ist ein Sprung in der familiären Semantik. Die Mutter bietet einen sozial-interaktionalen Rahmen, um die Handlungen des Psychiaters zu erklären.*

Goolishian: Sie sagten ihm das tatsächlich?

Karla: Ja. Der ganzen Klinik.

Goolishian: Er verdiente es. Jawohl.

> ***Kommentar:***
> *Der Konsultant bleibt mit der Mutter verbündet.*

Karla: Vor allen Krankenschwestern.

Dave: Ich möchte noch etwas hinzufügen.

Goolishian: Klar.

Dave: Dieser erste Arzt sagte Mike, daß sein Problem seine Mutter sei.

> ***Kommentar:***
> *Der jüngere Bruder verweist auf die politische Beziehung zwischen Mutter und Mike. Dies ist auch ein Wechsel der Semantik — vom Thema „Krankheit" zu sozial-interaktionalen Definitionen. Wie wir gleich sehen können, benutzt der Konsultant diesen semantischen Rahmen auf eine Weise, die ihm weiteren Zugang zur Familien-Politik gewährt.*

Goolishian: Oh, er gab wirklich Deiner Mutter die Schuld daran?

Dave: Das tat er.

Goolishian: Hm.

Dave: Er gab Mutter die Schuld an Mikes Problemen.

Henry: Und daß wir Mike nie wiedersehen sollten.

Goolishian: Oh. Er wollte, daß Sie ihn nicht wiedersehen?

Henry: Ja. Und das war das Ergebnis dieses Treffens, das wir hatten.

Karla: Und Mike rief mich an und sagte: „Mutter, der Arzt sagt, daß Du mich langsam verrückt machst."

Mike: Nein, mich langsam umbringst.

Karla: Dich langsam umbringe.

Goolishian: Oh, Deine Mutter bringt Dich langsam um.

Dave: Und alles, wirklich alles, was ich seitdem von Mike sehe, ist, daß er daran glaubt, daß Mutter ihn langsam umbringt.

> ***Kommentar:***
> *In diesem Abschnitt wird die interaktionale Sicht, die auf die politische Beziehung zwischen Mutter und Mike verweist, nutzbar eingesetzt. Indem der Konsultant den semantischen Rahmen „Mutter bringt [Mike] langsam um" verwendet, fängt er an, die politischen Muster zu untersuchen, die Mikes Verhalten organisieren.*

Goolishian: Und es fing damit an, daß dieser erste Arzt das gesagt hat.

Dave: Genau.

Goolishian: Und Du glaubst irgendwie wirklich daran, daß er vielleicht recht hat, oder?

Mike: Ich habe nicht das Gefühl, daß meine Mutter für mich gut ist.

Goolishian: Du glaubst nicht, daß sie gut für Dich ist.

Mike: Ich habe Angst vor ihr.

Goolishian: Gut. Gut. Was für Sachen macht sie, die Du nicht magst?

> ***Kommentar:***
> *Der Konsultant geht mit Mikes semantischen Rahmen auf eine Weise um, die die politischen Organisationsmuster noch*

genauer ansprechen. Es ist festzuhalten, daß die Konsultation sich verlagert hat — von der Konzentration auf historische politische und semantische Rahmen auf die Diskussion gegenwärtiger Familien-Politik.

Mike: Ich glaube, sie spricht zu laut.

Goolishian: Spricht zu laut. Gut. Was noch?

Mike: Ich möchte nicht darüber sprechen.

Goolishian: Gut. Es ist wohl auch besser, das nicht zu tun. Ja.

Karla: Möchtest Du, daß . . .

Goolishian: Es könnte uns sogar durcheinanderbringen. Hm?

Dave: Worüber soll ich etwas sagen?

Goolishian: Nun, ich bin sicher, Du hattest einige Ideen, von denen Du meintest, daß sie hilfreich sein können.

Dave: Nein, nur so allgemein.

Goolishian: Ich würde gerne noch einmal darauf zurückkommen, als Du angefangen hast, uns einige Sachen zu erzählen.

Dave: Ja, soll ich ganz von vorne anfangen?

Goolishian: Ja, sicher.

Dave: Gut, hm . . .

Goolishian: Ich bin überzeugt, daß wir die ganze Geschichte kennen müssen.

Kommentar:
Die Bedeutung der Sichtweise des jüngeren Sohnes und seine Verbindungen mit dem aktuellen Problemen werden betont.

Dave: Ja gut. Als Mike diesen Arzt das erste Mal sah . . .

Goolishian: Okay. Das war der, der sagte, daß Deine Mutter ihn langsam umbringt.

Dave: Ja.

Goolishian: Gut.

Dave: Ich kann mich daran erinnern, an die Wirkungen, die das auf Mutter und Vater hatte. Klar, und ich konnte nicht begreifen, wie der Arzt einen solchen Unsinn verzapfen konnte.

Kommentar:
Der jüngere Sohn verweist auf die sozialen Folgen der ärztlichen Feststellung. Dies ist auch ein Hinweis darauf, daß der jüngere Sohn eine Koalition mit seinen Eltern gegen den Psychiater bildet. Hier ist festzuhalten, daß jedes Familienmitglied, Mike eingeschlossen, die Behandlung in Zweifel gezogen hat.

Goolishian: Was für Wirkungen waren das? Das würde ich gerne wissen, denn das war doch eine ziemlich vernichtende Feststellung.

Kommentar:
Indem er die Feststellung des Arztes als „vernichtend" semantisiert und nach den Wirkungen fragt, verbündet [joining] sich der Konsultant auch mit dem jüngeren Sohn. Es kommt heraus, daß Mutter mehr Migräneanfälle (Kopfschmerzen) hatte und Vater ärgerlicher war denn je.

Dave: Ja, vorher fühlte sich Mutter ab und zu schwach oder so. Ich kann mich daran erinnern, daß meine Mutter ziemlich viel Kopfschmerzen hatte. Und jetzt, wenn meine Erinnerung stimmt, von da an hatte sie mehr Kopfschmerzen.

Goolishian: Hm.

Dave: Und ich meine, insgesamt, sie war wirklich kaputt. Sie weinte dauernd und so.

Goolishian: Hm.

Dave: Und mein Vater, ich habe ihn vorher nie so erregt gesehen.

Goolishian: Ja.

Dave: Und wir alle, klar, wir hatten alle schon schwierige Situationen erlebt, aber dies war das Stärkste, was ich je gesehen habe.

Goolishian: Darauf kann ich wetten. Ja.

Dave: Ja. Und für meine Schwester und meinen anderen Bruder, da war es genau so. Ja, viele Tränen und viel, viel Mitgefühl und viele Gebete.

Kommentar:
Die Diskussion über die sozialen Folgen bringt zwei weitere politische Mitglieder ins Spiel: eine Schwester und einen anderen Bruder.

Goolishian: Viel Liebe und viel Sorge in der Familie.

Kommentar:
Ein semantischer Rahmen der Familien-Politik.

Dave: Genau. Und ich war damals gerade auf der Oberschule.

Goolishian: Du warst dann 14 oder 15, als das passierte. Das muß für einen jungen Teenager ziemlich hart gewesen sein.

Kommentar:
Der Konsultant spricht die politischen Folgen der Feststellung des Arztes für den jüngeren Sohn an.

Dave: Nun, es war ziemlich schwierig.

Goolishian: Ja.

Dave: Aber wie auch immer, ich kann mich erinnern, als meine Mutter hörte, daß der Doktor erklärte, daß sie und mein Vater Mike umbringen. Das verstärkte noch ihre Zuneigung und Sorge.

Goolishian: Genau.

Dave: Es machte sie noch mehr kaputt.

Goolishian: Hm.

Dave: Und sie versuchten noch einige Male, den Arzt zu treffen. Und irgendwann wurden diese Versuche für den Arzt irreal . . .

Goolishian: Ja. Ich bin sicher, daß sie bei alledem das Beste für Mike wollten.

Dave: Bestimmt. Sie dachten daran, den Arzt zu wechseln. Einmal gingen sie zu einem anderen Arzt. Ich kann mich erinnern, während der Zeit, als die Klinik gewechselt wurde, es ging uns da wirklich gut. Wir glaubten, daß Mike hier wirklich gute Hilfe findet. Und ich weiß noch, als er nach Hause kam, waren wir alle wirklich glücklich.

Goolishian: Hm.

Dave: Und wir alle waren guter Dinge, daß Mike sehr bald, ja wieder psychisch gesund wird.

Goolishian: Hm.

Dave: Während dieser Zeit war ich meist in der Schule und so. So nach einiger Zeit, nach einigen Monaten ambulanter Behandlung, Therapie bei dem Arzt, gab es Zeiten, da konnte Mike große Sachen machen und dann konnte er sich drastisch verschlechtern.

Kommentar:
Der zeitliche Zyklus organisiert Mikes Verhalten: er kann große Sachen machen und sein Zustand kann sich verschlechtern.

Goolishian: Fast wie eine Achterbahn.

Dave: Nun, es war so, daß er Fortschritte machte und dann ging es einen Schritt zurück.

Goolishian: Oh. Wie ein Frosch, der aus dem Brunnen klettert, drei Schritte hoch und zwei zurück.

Dave: Genau.

Goolishian: Ja. In Ordnung.

Dave: Und wir hatten große Erwartungen an Mikes Besserung. Und schon bald ging es ihm wieder schlechter, wie im letzten Jahr. Nein, vor anderthalb Jahren. Sommer 79 glaube ich.

Goolishian: Das war kurz bevor er ins Landeskrankenhaus kam?

Dave: Genau.

Goolishian: Bis dahin hatte sich alles im allgemeinen gebessert.

Dave: Ja. Mike hatte noch die Vorstellung, daß Mama und Papa ihm schaden würden.

Goolishian: Ja.

Dave: Und ich glaube, daß diese Vorstellung daran hinderte, solchen Fortschritt zu erzielen, wie es möglich gewesen wäre.

Kommentar:
Der jüngere Sohn bietet eine semantische Erklärung an: die Vorstellung, daß Mutter und Vater versuchten, Mike zu schaden, verhinderte den möglichen Fortschritt.

Goolishian: Sagt Mike das zu Ihnen allen?

Kommentar:
Nachdem der Konsultant einige semantische Rahmen, die Mikes Verhalten betreffen, vom jüngeren Sohn erhalten hat, wendet er sich nun der Untersuchung der politischen Beziehung zwischen Mike und seinen Eltern zu. Dabei verwendet der Konsultant semantische Rahmen immer wieder so, daß er Einblick und Zugang zur Familien-Politik erhält. Es ist zu

beachten, daß die Konsultation den Fokus von der Diskussion historischer semantischer und politischer Rahmen wiederum auf gegenwärtige politische Beziehungen verschoben hat.

Dave: Ja.

Goolishian: Er sagt es.

Dave: Es wird oft gesagt.

Goolishian: Aha.

Dave: Tatsächlich wurde sogar gesagt, daß ich . . .

Goolishian: Oh, Du könntest da sogar reinpassen.

Dave: Ja. Das wurde behauptet.

Goolishian: Sagt Mike das noch genauer, wie das passiert oder was passieren kann?

Dave: Nun, die allgemeine Behauptung ist die, daß wir zu laut sprechen. Wir machen zuviel Krach.

> ***Kommentar:***
> *Das Thema „zu laut sprechen" wird wieder gebracht. Es läßt sich auch als Metapher der politischen Beziehung zwischen Mike und dem Rest der Familie verstehen.*

Goolishian: Genau.

Dave: Und daß wir sagen, hab ihn nicht gerne oder zeige ihm keine Gefühle.

Goolishian: Würde Mike — mal sehen, ob ich es begriffen habe. Wenn sie leiser sprechen, wäre das ein Hinweis, daß sie Dich stärker respektieren . . .

Mike: Ja.

Goolishian: . . . und daß sie Dir Gefühle zeigen. Aber die Härte ihrer Stimmen läßt bei Dir das Gefühl aufkommen, daß sie Dich nicht mögen?

> ***Kommentar:***
> *Der Konsultant fragt nach Informationen darüber, wie „laut sprechen" mit „Liebe und Gefühl" verbunden ist. Dabei gilt es zu beachten, daß eine Antwort auf diese Frage weitere Hinweise auf Familien-Politik geben kann.*

Mike: Ja. Es schmerzt mich.

Goolishian: Schmerzt. Gut. Okay.

Henry: Es ist nicht die Härte. Es ist die Lautstärke.

Goolishian: Lautstärke.

Henry: Ja.

> ***Kommentar:***
> *Das Thema „Lautstärke" bleibt bestehen.*

Karla: Und Fernsehen. Fernsehen oder Radio.

Dave: Abwaschen, baden, Zähne putzen.

Henry: Wenn Wasser aus der Leitung kommt, ist es zu laut.

Goolishian: Gibt es verschiedene Geräusche, einige schlimmer als andere?

Karla: Er hat es nicht gern, ich mache tagsüber nicht allzuviel, weil ich darauf achten muß, daß es ruhig für Mike ist.

Goolishian: Ja.

Karla: Und ich meine, ich glaube nicht, daß ich das tatsächlich tun sollte, denn ich habe meinen Mann und meinen anderen Sohn.

Goolishian: Wie bewältigen Sie das Kochen, ohne Krach zu machen?

> ***Kommentar:***
> *Nachdem der Konsultant das Thema „zu laut sprechen" stabilisiert hat, untersucht er nun, wie die übrigen Familienmitglieder ihr Verhalten gegenüber Mike organisieren. Wir sehen, daß die Mutter umherschleicht und jeder bemüht ist, den Geräuschpegel möglichst niedrig zu halten. Wir erkennen, wie sich die Konsultation von der Diskussion des semantischen Rahmens „Krankheit" auf die Beziehungen zwischen Mike und der übrigen Familie verlagert hat.*

Karla: Nun, eine zeitlang, als er diese schrecklichen Kopfschmerzen hatte, habe ich einfach nicht zuviel gemacht. Ich meine, ich habe das Essen und alles gemacht. Aber ich mußte umherschleichen, was ich noch . . .

Goolishian: Wie machen Sie das, Papierteller und Mikrowelle? (Lachen)

Karla: Nein. Aber ich, so wie ich es sehe, ich muß einfach einen bestimmten Lärm machen.

Goolishian: Ja.

Karla: Jeder muß das.

Dave: Wir bemühen uns, ihn gering zu halten.

Goolishian: Aha. Können Sie mir helfen, das zu verstehen. In bezug auf Mike, welcher Lärmpegel, ich weiß nicht genau, wie man den überhaupt beschreiben kann, aber vielleicht können Sie mir dabei helfen, das zu verstehen, wäre für Mike akzeptabel?

Mike: So, wie wir jetzt reden.

Goolishian: Das wäre akzeptabel?

Mike: Jawohl.

Goolishian: Gut. Wieviel darüber wäre noch akzeptabel?

Mike: Ich weiß nicht, wie man das messen kann.

Goolishian: Ja. Das könnte wichtig sein, um damit fertig zu werden, denn es ist eine Sache, völlig still zu sein und es ist eine ganz andere, Kanonen abzufeuern. Aber dazwischen ist eine Menge Platz und wir müssen herausfinden, wo diese Linie verläuft. Das wäre es wert. Aber vielleicht später.

> ***Kommentar:***
> *Nachdem der Konsultant die Bedeutung des „damit fertig werden" in Hinblick auf akzeptable Geräuschpegel hervorgehoben hat, schafft er allmählich die Basis für eine therapeutische Intervention.*

Henry: Nun ja, was das Fernsehen betrifft . . .

> ***Kommentar:***
> *Der Konsultant läßt diese Diskussion weiterlaufen, weil sie sich darum dreht, wie die Familienmitglieder ihr Verhalten in bezug auf Mike organisieren.*

Henry: . . . und von wo aus meine Frau und ich fernsehen, das ist von hier bis zum Ende von dem Vorhang da drüben. Und um es überhaupt zu hören, braucht es schon eine gewisse Lautstärke.

Goolishian: Hm.

Henry: Und Mike kommt rein und sagt, es ist für mich zu laut.

Goolishian: Gut.

Henry: Und er bittet uns, den Fernseher leiser zu stellen.

Goolishian: Sie beide sind ungefähr so alt wie ich und wenn es Ihnen so geht wie mir, ich drehe es immer etwas lauter als meine Kinder, weil ich das verdammte Ding nicht hören kann.

Karla: Ich habe es etwas lauter als er.

Goolishian: In Ordnung. (Lachen)

Henry: Aber Mike wird trotzdem sagen, „Kann ich den Fernseher leiser stellen", und wir sagen „Okay, mach es". Aber manchmal, da haben wir es leise und er kommt rein . . .

Goolishian: Ja.

Henry: . . . und wir denken gleich, aha. So, seine Art reinzukommen, den Fernseher leiser zu drehen.

Goolishian: Oh. Okay.

Henry: Und dann regen wir uns ein wenig auf, weil es so leise ist.

Goolishian: Ja.

Henry: Das gleiche läßt sich beim Thermometer sagen.

> ***Kommentar:***
> *Der Konsultant läßt auch hier das Gespräch weiterlaufen, um so die systemische Organisation der Verhaltensweisen (in) der Familie zu untersuchen.*

Karla: Beim Thermostaten.

Goolishian: Oh, tatsächlich.

Karla: Wenn mir warm ist, ist ihm kalt.

Goolishian: Ja. Okay.

Karla: Normalerweise habe ich es ein bißchen wärmer.

Henry: Okay. Wir haben es meist so um 22 Grad.

Goolishian: Hm.

Henry: Aber, wenn es dann auf 21 runtergeht, ist es Mike zu kalt.

Mike: Leute, die psychisch krank sind, brauchen mehr Wärme.

Karla: Aber ich habe schon 26 Grad in seinem Zimmer erlebt und ihm war immer noch zu kalt.

Goolishian: Ich möchte Dich etwas fragen, Mike. Was passiert, wenn Du darum bittest, daß der Thermostat geändert wird und es geschieht nicht? Würdest Du immer nervöser werden?

Mike: Ja. Haben Sie schon mal von so was gehört?

Goolishian: Nein. Ich habe das wirklich noch nicht gehört. Was würde passieren, wenn er nie geändert würde? Was würde mit Deiner Nervosität passieren? Würdest Du total durchdrehen oder was?

Mike: Es ginge mir dreckig, immer dreckiger.

Goolishian: Okay. Und verschiedene Menschen fühlen sich auf verschiedene Weise dreckig. Wie fühlst Du Dich dreckig?

Mike: Angst.

> ***Kommentar:***
> *Der semantische Rahmen „Angst" wird wieder hervorgebracht. An diesem Punkt der Sitzung wird der Konsultant mit der Untersuchung der politischen Organisation von Mikes Angst beginnen. Wir werden sehen, daß Mike Angst hat, sowohl vor seiner Mutter wie auch davor, auf eigenen Füßen zu stehen. Später dann können wir sehen, wie der Konsultant mit dieser Information so umgeht, daß „Angst" zu einer therapeutischen Möglichkeit wird.*

Goolishian: Angst. Vor etwas Bestimmten?

Mike: Ich habe im Augenblick große Angst vor meiner Mutter.

Goolishian: Vor ihr. Gut. Erzähl mir von dieser Angst. Wovor fürchtest Du Dich?

Mike: Ich habe Angst, ich habe Angst, daß sie mich anbrüllt und immer auf mir rumhackt. Es ist wie . . .

Goolishian: Gut.

Mike: . . . wie eine Ratte im Käfig, die immer gequält wird.

Goolishian: Ja.

Mike: Ich habe auch Angst davor, auf eigenen Füßen zu stehen . . .

Goolishian: Gut.

Mike: . . . weil, was alles vorher passiert ist. Und ich fühle mich nicht in der körperlichen Verfassung, in der ich sonst bin.

Goolishian: Sicher nicht. Du hast wahrscheinlich schon lange keinen Sport mehr gemacht.

Mike: Nein, habe ich.

Goolishian: Hm. Wie eine Ratte im Käfig. Du meinst, so eine Ratte in einem Labyrinth, die den richtigen Weg lernen muß und . . .

Mike: Ja. Genau wie diese Ratte, ohne Alternativen.

Goolishian: Ja. Hm.

Henry: Was er sagt, ist, es gibt keinen Weg aus dem Käfig.

Goolishian: Ja. Nun, manchmal experimentieren sie mit Ratten. Sie bauen ein elektrisches Rost ein und die arme Ratte kriegt einen Schlag und weiß nicht, warum.

Mike: Ja, genau so fühle ich mich.

Goolishian: So fühlst Du Dich?

Mike: Ja.

> ***Kommentar:***
> *Der Konsultant bietet eine Metapher an, die es ihm und Mike möglich macht, über Mikes Beziehungsökologie zu sprechen.*

Goolishian: Gut. Wie versuchen Sie, Mike zu beruhigen, wenn es ihm so geht?

Karla: Ja, ich begreife einfach nicht, weshalb er Angst vor mir hat, denn ich versuche mein Bestes, mich anders zu geben, bin so freundlich, wie es nur geht, so wie für die anderen Kinder auch.

Goolishian: Aber irgendwie scheint er dadurch nicht ruhiger zu werden.

> ***Kommentar:***
> *Der Konsultant impliziert, daß Mutters Bemühungen, sich anders zu verhalten, um Mike ruhiger zu machen, seine Furcht vor ihr stabilisiert.*

Goolishian: Okay. Dave, was ist mir Dir? Wie versuchst Du, Deinen Bruder zu beruhigen?

Dave: Ja, ich habe nicht viel Zeit für Mike, wie ich gerne hätte . . .

Goolishian: Richtig. Weil Du zur Schule mußt. Genau. Hm.

Dave: . . . die Schule, die Arbeit und andere Sachen. Aber ich versuche immer, Mike zu beruhigen und versuche ihm so eine Richtung zu geben, ihm zu helfen, Ziele festzulegen, so daß er die ansteuern kann und sich gut fühlt.

> ***Kommentar:***
> *Der jüngere Sohn bestimmt seine Bemühungen, Mike „zu helfen“: eine Richtung geben und Ziele festlegen.*

Goolishian: Ich möchte eine sehr schwere Frage stellen. Eine sehr schwere Frage, um überhaupt darüber nachzudenken. Aber Sie haben seit langem versucht und haben alles getan, was sie konnten, um Mike die Hilfe zu geben, die er braucht und das zu tun, was für ihn gut und richtig ist. Sie haben sogar Ihr Verhalten zu Hause verändert, nur um diesem Burschen zu helfen. Nehmen wir an, angenommen, wir finden nichts, was Mike hilft und er bleibt so. Es ist klar, Leute, Ihre Zeit und Ihre Möglichkeiten sind begrenzt und eines Tages sind sie zu Ende.

Henry: Hm.

Goolishian: Wir wünschen das alle nicht, aber so hat Gott die Welt nun einmal gemacht. Ich bin nicht ganz sicher, bei allem, was Sie investiert haben, bei all dem Verrückten, Sie haben schon fast die letzten hundert Meter hinter sich, und sind immer noch bereit, dabei zu bleiben. Und irgendwie bringt das alles nichts. Es wird ein bißchen besser und dann geht's wieder zurück, was für Sie ziemlich entmutigend sein muß, für die anderen Brüder, für die Schwester, für die Eltern. Es ist für jeden entmutigend. Man hat Ihnen verschiedene Sachen gesagt. Ich glaube, was ich gerne hören möchte, wenn es geht, was denken Sie, was das ist, was Mike wirklich stört? Was kann das sein?

Henry: Ja, natürlich . . .

Goolishian: Ja. Ich glaube, manchmal wissen Eltern intuitiv mehr, was da so abläuft, mehr als Psychiater und Psychologen und diese ganzen Leute.

> ***Kommentar:***
> *Nachdem der Konsultant sich vorher mit den Eltern gegen den Psychiater verbündet hatte, stellt er nun den semantischen Rahmen „Krankheit“ direkt in Frage und gibt an, daß Eltern oft mehr über Menschen wissen als „diese ganzen [Fach-]Leute“.*

Henry: Ja, jetzt läuft es alles unter einer Bezeichnung — psychische Krankheit.

Goolishian: Ja.

Henry: Ob es etwas Organisches ist oder etwas anderes in seinem Lebensstil, das diese Ineffizienz des Organischen hervorbringt, ich weiß es nicht.

Goolishian: Gut. Aber neben dieser psychischen Krankheit, ich kann bei Mike damit völlig danebenliegen, aber ich habe den Eindruck, er hat auch eine gehörige Portion Sturheit.

> ***Kommentar:***
> *Der Konsultant benutzt die Unterscheidung des Vaters zwischen „psychischer Krankheit" und „Lebensstil" und deutet sie um zu „psychischer Krankheit" und „Sturheit". Mutter und Vater akzeptieren diese Unterscheidung.*

Karla: Die hat er.

Henry: Ja.

Goolishian: Ja. Hm.

Henry: Ganz bestimmt.

Goolishian: Und ich kann mir vorstellen, daß es manchmal etwas schwierig ist zu wissen, was ist was, denn beides geht ineinander über.

> ***Kommentar:***
> *In Hinblick auf Mikes Verhalten schafft der Therapeut das Verständnis, daß das, was die Eltern als psychische Krankheit betrachten, ebensogut Ergebnis von Mikes Sturheit sein kann.*

Henry: Hm. Das stimmt.

Goolishian: Ja.

Mike: Was und was?

Goolishian: Die Sturheit und Deine psychische Krankheit.

Mike: Hm.

Goolishian: Ja. Ich kenne Sie seit, es ist jetzt viertel vor zwei, ich kenne Sie seit knapp einer Stunde. Und deshalb kann ich mir da nicht zu sicher sein. Ja, sicher kann ich mir nicht sein bei etwas so Kompliziertem und Langwierigem wie diesem. Aber mein Eindruck ist, daß, was ich schon gesagt habe, Sie haben alles getan, wirklich alles, haben viel mehr gemacht als vernünftige Leute getan hätten, um Mike Hilfe zu bringen. (zu Mike) Und ich glaube, Du selber hast Dich auch sehr bemüht. Und irgendwie geht das aber so weiter. Es ändert sich nicht. Und mein Eindruck ist, das geschieht oft, weil wir etwas nicht gesehen haben, etwas Wichtiges. Uns fehlt ein Stück der Diagnose. (zu Susan*) Ich würde

---

* Susan ist die Therapeutin, die diesen Fall zur Konsultation brachte

diese Leute gerne etwas machen lassen, was sehr schwer sein kann. Und es wird für Dich, Mike, schwer werden. Aber wir müssen der Sache auf den Grund kommen. Es wird uns nicht viel Informationen bringen. Wir sollten langsam vorangehen und wir müssen uns da durcharbeiten. Und ich glaube, was wir tun müssen, ist, Sie zu bitten, ein wenig mehr Spannung zu schaffen, um die Verhaltensinformation zu kriegen, die wir brauchen, um zu sehen, ob wir einen besseren Eindruck kriegen, um zu sehen, ob wir eine andere Vorstellung vom fehlenden Element bekommen. Und was ich möchte — (zu Karla) und das lastet schwer auf Ihren Schultern. Vielleicht möchten Sie sich mit Ihrem Mann und Ihren Kindern beraten, um Hilfe zu erhalten, wenn Sie darüber nachdenken. Ich möchte, daß Sie alles genau so lassen, wie es jetzt ist. Ändert nichts, ändert nichts mit einer Ausnahme. Irgendwann am Tag, ich möchte gerne, daß das irgendwie zufällig ist — Sie müssen Ihrer Frau vielleicht helfen, zufällig zu verstehen. (zu Dave) Ja, Du weißt, was zufällig ist. Einmal am Tag, zufällig, die ganze Woche oder bis zu Ihrem nächsten Termin mit Ihrer Therapeutin, möchte ich, daß Sie einen kleinen, aber anderen Krach machen, den Mike hören kann. Alles andere lassen Sie so, wie es ist. Denn sonst würden wir nicht wissen, was passiert. Und dann möchte ich, daß Sie alle — (zu Mike) auch Du, wer immer da ist, und wenn Ihr Mann nicht da ist, können Sie später mit ihm sprechen — Mike sorgfältig beobachten.

Mike: Ich fürchte, ich kann es Ihnen jetzt schon sagen.

Kommentar:
Wir können sehen, wie die therapeutische Intervention die kybernetische Struktur von Stabilität, Veränderung und bedeutsamem Rauschen umfaßt:

(Stabilisierung von Krach-Machen / Veränderung, wie Krach gemacht wird) / Verhaltensinformation ist erforderlich

Der Therapeut konstruiert eine Intervention, die darauf basiert, daß die Mutter absichtlich Krach macht, den Mike hören kann. Genauer, die Veränderung blockiert den üblichen Versuch der Mutter, ihren Geräuschpegel im Haus so gering wie möglich zu halten, während Stabilität damit verbunden ist, vorzuschreiben, was Mike denkt, was geschehen wird — Weiterbestehen des Geräusches. In bezug auf das bedeutsame Rauschen hat der Therapeut diese Anordnung kontextualisiert als eine Möglichkeit, Verhaltensinformation zu sammeln, um das „fehlende Element" zu finden.

Goolishian: Das glaube ich. Ich bitte Dich, diese kleine Extraspannung zu ertragen. Das ist gut. Natürlich. Ich bin sicher. Ich möchte, daß Sie ihn sorgfältig beobachten und nur feststellen, was er macht, ehe Sie das tun und welche Verhaltensweisen Sie möglicherweise danach sehen. Und dann darauf zu achten, ob es da Muster gibt. Andere Zeiten, andere Geräusche, andere Ängste. Aber halten Sie alles klein, denn ich möchte nicht, daß seine Angst überwältigend wird.

Karla: Gut.

Mike: Ich will nicht, ich will das nicht mitmachen.

Goolishian: Ja.

Karla: Soll ich es machen, wenn noch jemand mit mir zu Hause ist?

Goolishian: Das wäre gut. Ja.

Mike: Ich glaube, das ist nicht fair mir gegenüber.

Goolishian: Ja. Es wird schwer für Dich werden. Es ist . . .

Mike: Ich glaube, es ist nicht richtig.

Goolishian: Medizin schmeckt manchmal bitter. Und ich möchte, daß Du Dich selber sorgfältig beobachtest, weil Du soviel Angst davor hast. Und ich möchte Dich bitten, schreib einiges auf über die verschiedenen Ängste, die Du zu verschiedenen Zeiten hast . . . Oh, eines habe ich vergessen. Diese Dinge, die Deine Mutter machen wird, sind alle nur klein, und manchmal wirst Du nicht einmal merken, daß sie sie gemacht hat. Aber ich möchte, daß Du jeden Tag aufschreibst, was Du meinst, was der Krach war.

> ***Kommentar:***
> *Der Konsultant präzisiert die therapeutische Aufgabe. Nicht nur die Mutter soll Mike beobachten und Aufzeichnungen machen, auch Mike soll die Mutter beobachten und Aufzeichnungen machen.*

Mike: Können Sie mir mal ein Beispiel nennen?

Goolishian: Sicher. Sie kann Krach machen, indem sie mit den Töpfen klappert, aber Du hörst es gar nicht. Aber irgendwann im Laufe des Tages sollst Du darüber nachdenken, was es war, das sie machte. Aber vergleiche Deine Aufzeichnungen nicht mit ihren.

Mike: Ich habe jetzt schon Angst vor Krach.

Goolishian: Gut. Schreib den Krach auf, von dem Du annimmst, daß sie ihn macht.

Karla: Er hat Angst, wenn ich den Flur runtergehe.

Goolishian: Gut.

Mike: Das bringt mich in Panik.

Goolishian: Ja. Das glaube ich.

Karla: Soll er mit in dem Zimmer sein, in dem . . .

Goolishian: Das muß nicht sein.

Karla: Er muß nicht, aber er kann im selben Zimmer sein?

Goolishian: Überall. Ja.

Karla: Gut.

Mike: Das ist grausam. Ich halte das nicht für richtig. Ich würde lieber aus dem Haus gehen.

Goolishian: Gut. Wenn Du meinst, daß sie den Krach macht, dann gehst Du aus dem Haus. Ja, ich werde mich mit Ihrer Therapeutin besprechen und ich möchte gerne, wie schon gesagt, daß Sie alle zusammen wiederkommen und ein wenig weiter reden. Wir wollen hier Schluß machen und ich werde mit ihr (Susan) darüber reden, wie wir alle hier wieder zusammenkommen können. Okay? Ist es in Ordnung, so zu verfahren?

Karla: Ja. Klar. Ja.

Der Konsultant sah die Familie nicht noch einmal. Es wurde aber berichtet, daß im Verlaufe der nächsten sechs Monate Mikes Medikation verringert wurde und er anfing, das Haus zu verlassen. Er begann, Sport zu treiben, fing an, sich besser zu fühlen und suchte sich schließlich eine Arbeit.

In diesem Kapitel wurde gezeigt, wie sich die einfache Unterscheidung zwischen Semantik und Politik benutzen läßt, um die Konstruktion und Organisation einer systemischen Konsultation zu verstehen. Dabei ist es irrelevant, ob Therapeut/in, Konsultant/in oder Familienmitglieder selber glauben, daß das, was sie machten, ein Ineinanderverschlingen semantischer und politischer Rahmen war. Aus der Perspektive, die in diesem Buch eingenommen wird, ist das, was sie oder jeder andere über das, was in der Sitzung „wirklich geschah“, sagen, einfach nur weitere Kommunikation, die wir als Konstruktion semantischer und politischer Rahmen begreifen können. Diese Aussage ruft dann wiederum bestimmte politische und semantische Beschreibungen und Wahrnehmungen hervor.

Kybernetik des Absurden

Bradford P. Keeney

Therapeut: Was meinst Du mit dem Ausdruck „Kybernetik des Absurden"?

Kybernetiker: Er bezieht sich auf ein Muster, von dem Du oft ein Teil bist.

Therapeut: Welche Frage muß ich stellen, um dem Verstehen einen Schritt näher zu kommen?

Kybernetiker: Was meinst Du?

Therapeut: Laß es uns einmal so versuchen: Ist Kybernetik absurd? Oder ist eine Erfahrung des Absurden kybernetisch?

Kybernetiker: Wenn ja, für wen?

Therapeut: Ich habe das Gefühl, daß wir im Grunde über ein Muster sprechen, das diese Fragen und auch uns verbindet. Eben dieses Muster kann absurd und kybernetisch werden.

Kybernetiker: Was müßte passieren, damit das Muster kybernetisch wird?

Therapeut: Das ist Dein Gebiet. Was würdest Du sagen?

Kybernetiker: Die einfachste Antwort ist die, daß das Muster zwei Merkmale haben muß. Erstens, es muß irgendwie auf sich selbst zurückwirken, d.h. es muß rekursiv sein. Und zweitens, das rekursive Muster muß selbst-korrigierend sein. Das Muster, das sich mit sich selbst verbindet, muß auch verbessern [„connect and correct"].

Therapeut: Wenn also Deine Fragen auf sich selbst zurückkommen und infolgedessen irgendwie verbessern, haben wir dann ein kybernetisches Muster von uns konstruiert? Ist das absurd?

Kybernetiker: Was denkst Du? Du bist der Experte in solchen Sachen.

Therapeut: Laß uns annehmen, ich frage Dich weiterhin nach der Bedeutung der Kybernetik und meine Reaktionen zeigen ständig an, daß ich es einfach nicht kapiere. Nach einer Weile bist Du so gelangweilt, daß Du einschläfst. Wir können uns drei verschiedene Möglichkeiten vorstellen, die dann eintreten. Während Du schläfst, könnte ich mich fragen, was im Verlauf unserer Unterhaltung passiert ist. Ich könnte darauf hinweisen, daß wir über die Bedeutung der Kybernetik sprachen und untersuchten, ob das Muster, das unsere Unterhaltung verbindet, kybernetisch ist. Dies würde möglicherweise dazu führen zu verstehen, daß Dein Einschlafen eine Kalibrierung oder eine korrigierende Änderung unserer Interaktion war. Wäre dem so, würde ich dann entdecken und erfahren, worum sich Kybernetik dreht? Wie auch immer, ich glaube, in all dem steckt ein bißchen Absurdität. Zu allererst, wenn Du ein Nickerchen machst, ist das ziemlich lächerlich, aber vielleicht nicht so absurd wie mein Versuch, herauszufinden, ob Dein Nickerchen mit mir auf eine Weise verbunden ist, die das beispielhaft zeigt, worüber wir zu reden versuchen.

Kybernetiker: Würdest Du auch sagen, daß die Absurdität jetzt besteht, wo wir über all das reden? Vielleicht schläft einer von uns ein und träumt dann, was wir anderes tun können.

Therapeut: Das bringt mich zur zweiten Möglichkeit. Wenn Du im Laufe unserer Unterhaltung einschläfst, könnte es sein, daß Du träumst. Der Traum könnte, wenn wir unserer Argumentation folgen, auch unser Gespräch kalibrieren und so für einen Unterschied sorgen, der uns zu einem neuen Verständnis von Kybernetik wie auch von der Absurdität, kybernetische Muster zu erfahren, führt.

Kybernetiker: Und die dritte Möglichkeit?

Therapeut: Die habe ich vergessen. Ich muß geträumt haben.

Kybernetiker: Wie siehst Du die Bedeutung all dessen, was wir gesagt haben in Hinblick auf Praxis und Erkenntnis der Familientherapie?

Therapeut: Ist das nicht im Grunde dasselbe? Der Tanz, an dem wir beteiligt sind, kann nur erkannt werden, wenn man das ganze Muster erfährt. Jedes einzelne Teil verdunkelt nur den Blick auf das Ganze, das es organisiert. Dasselbe gilt für Therapie: sie ist ein anderes Muster, das verbindet und verbessert.

Kybernetiker: Wir sollten uns vergegenwärtigen, daß das Muster, auf das wir uns beziehen, „Rückkopplung" genannt wurde. GREGORY BATESON nun nannte Rückkopplung „Geist". Geist in Therapie ist daher eine Möglichkeit, Muster kybernetischer Rückkopplung zu spezifizieren, die die Organisation der Erfahrung verbinden und verbessern.

Therapeut: Ich ziehe es vor, von **Geist** in Therapie zu sprechen. Jeder, der einer Familie angehört, läßt sich so sehen, daß er mit einem Familien-Geist in Verbindung steht. Und weiter, alle an der Therapie Beteiligten, Klienten und Therapeuten gleichermaßen, gehören zu einem therapeutischen Geist. Du und ich gehören zu den vielen verschiedenen Bereichen des Geistes, die unsere Gespräche, Familien, beruflichen Vernetzungen und kulturellen Traditionen kreuzen.

Kybernetiker: In der Tat. Therapeuten lassen sich sogar danach kategorisieren, welche Ordnung des Geistes sie durch ihr Vorgehen organisieren. BANDLER und GRINDER etwa schlagen einen Weg vor, rekursive Muster sensorisch-linguistischer Verhaltenssequenzen zu unterscheiden. Wir könnten auch auf die Rückkopplungsorganisation der Problemlösungs-Interaktion verweisen, die WATZLAWICK, WEAKLAND und FISCH hervorheben. Die Ordnung des Geistes ließe sich schließlich mit dem Rückkopplungsmuster vergleichen, das soziale triadische Relationen organisiert (z.B. HALEY und MINUCHIN) oder mit dem Muster, das kontextuelle Bedeutung organisiert (z.B. Mailand). Jedes Rückkopplungsmuster, das Therapie organisiert, spezifiziert eine bestimmte Ordnung des Geistes.

Therapeut: Du hast gerade die zukünftige Aufgabe für einige Theoretiker formuliert: einen Katalog der verschiedenen Ordnungen des Geistes zusammenzustellen, die in Therapie angesprochen werden. Hier könnte einbezogen werden:

1. kybernetische Organisation sensorisch-linguistischer Erfahrung (MILTON H. ERICKSON)
2. kybernetische Organisation der Körper-Choreographie (ALEXANDER; FELDENKRAIS)
3. kybernetische Organisation der Problemlösungs-Interaktion (Behaviorismus; MRI)
4. kybernetische Organisation triadischer sozialer Beziehungen (HALEY; MINUCHIN)
5. kybernetische Organisation historischer kontextueller Bedeutung (FREUD; Mailand)
6. kybernetische Organisation kultureller kontextueller Bedeutung (JUNG)
7. kybernetische Organisation des Absurden (WHITAKER).

Kybernetiker: Die meisten dieser Unterscheidungen Deiner therapeutischen Ökologie des Geistes kann ich verstehen, aber ich komme nicht mit, wenn Du den Begriff des „Absurden“ benutzt.

Therapeut: Ich spreche von der Logik des unbewußten Geistes.

Kybernetiker: Jetzt bin ich hoffnungslos verloren.

Therapeut: Laß uns den unbewußten Geist kybernetisch definieren. Wir können schlicht annehmen, daß sich unbewußter Geist auf jedes vollständige Rückkopplungsmuster bezieht. Jeder Teilbogen dieses Musters ist dann eine Möglichkeit, bewußten Geist zu spezifizieren. In diesem Verständnis sind bewußt und unbewußt so miteinander verbunden wie Teil und Ganzes.

Kybernetiker: Dann läßt sich Deine Liste unterschiedlicher Ordnungen des Geistes so sehen, daß sie unterschiedliche Ordnungen des unbewußten Geistes spezifiziert.

Therapeut: Ganz genau. Rückkopplung, Geist und unbewußt werden synonym. Bewußter Geist ist eben eine Interpunktion, die nur ein Stück oder einen Teilbogen des unbewußten Geistes bestimmt. Die Fläche der eigenen Bewußtheit ist begrenzt auf ein kleines Fragment des ganzen kybernetischen Systems, mit dem es verbunden ist. Nach BATESON verstellt die Auffassung vom bewußten Geist unser Verständnis, daß die Welt kybernetisch organisiert ist. Dies führt uns dann manchmal in Schwierigkeiten. Etwa, wenn wir in Anbetracht einer Ölverknappung nach mehr Öl suchen und bohren, könnten wir die komplexen Wechselbeziehungen des umfassenderen Ökosystems übersehen.

Kybernetiker: Was hat denn das alles mit dem „Absurden" zu tun?

Therapeut: Kommen wir noch einmal auf die Ölverknappung zurück. Wenn Du Mobil Oil sagst, daß es unlogisch ist, mehr Öl zu fördern, wenn der Ölvorrat knapp ist, dann werden sie Dir sagen, Du bist verrückt. Was Du im Grunde sagen willst, ist, daß es eine umfassendere Sichtweise gibt, die über die Logik des „Wenn der Ölvorrat knapp ist, dann fördere mehr Öl" hinausgeht. Diese umfassendere Sicht der Ökologie verdeutlicht, daß die Logik des „Mehr ist besser" ein Teilbogen eines umfassenderen, selbst-korrigierenden Rückkopplungskreislaufes ist. Das größere Muster gehorcht einer anderen Logik der Wechselwirkung und der kybernetischen Kontrolle. Das begrenzte Verständnis des bewußten Geistes, das diese größeren Muster außer Acht läßt, wird die Gesetze der Ökologie oder des unbewußten Geistes immer als völlig absurd auffassen.

Kybernetiker: Bezogen auf die Therapie hieße dies, daß die Logik der Teilbögen des bewußten Geistes der kybernetischen Logik des unbewußten Geistes zuwiderläuft. Wenn Du die Klienten aufforderst, sich entsprechend den Prämissen des unbewußten Geistes zu organisieren, so führt dies unvermeidlich zum bewußten Erleben der Absurdität.

Therapeut: Du hörst Dich an wie ein kybernetisch-experienteller Therapeut. Wenn wir so weitermachen, dann müssen wir uns darüber klar sein, daß der unbewußte Geist vielen Kontexten immanent sein kann, so auch den individuellen Kognitionsgewohnheiten und der familiären Interaktion. Wenn Du einer Familie sagst, daß der Patient, um den man sich sorgt, die einzige Person ohne erkennbares Problem ist (der „Weisse Ritter"), so ist das nur aus der Perspektive des familiären unbewußten Geistes logisch. Eine solche Ankündigung wird aber im begrenzten Rahmen, den jede individuelle Bewußtseinsfläche nun einmal abgibt, immer als unlogisch, lächerlich oder absurd erlebt.

Kybernetiker: Könnte man dann also sagen, die Kybernetik des Absurden in der Therapie hat etwas damit zu tun, sich an die Logik des unbewußten Geistes zu wenden?

Therapeut: Ein solcher Ansatz wurde „Psychotherapie des Absurden" genannt.

Kybernetik: Ich werde an eine Sache über die Kommunikation von Tieren erinnert, die etwas mit dem zu tun haben kann, was Du die Logik des unbewußten Geistes nennst. Wollen zwei Wölfe mitteilen, daß sie nicht kämpfen wollen, müssen sie einen Pseudo-Kampf ausführen. Anders gesagt, sie müssen das, was sie nicht tun wollen, auf irgendeine Art tun, um es zu verneinen.

Therapeut: Entsprechend muß ein Alkoholiker trinken, um einen Kontext zu schaffen, in dem er das Trinken verneinen kann. Er muß, wie man sagt, „ganz unten sein", um die Möglichkeit für eine Veränderung herzustellen. Hört er nicht auf zu trinken, geht er auf die nächste Schwelle des „ganz unten" zu. Dieser Prozeß kann eskalieren, bis das „ganz unten" die Schwelle des Sterbens erreicht.

Kybernetiker: Was ist der Kommunikation der Wölfe und der Struktur des Trinkens gemeinsam? So wie BATESON es sieht, ist beides die Ausführung einer reductio ad absurdum. BATESON etwa (1972) begreift den Kampf des Alkoholikers, Kontrolle, Trockensein oder Überleben zu beweisen, als eine „entschlossene Anstrengung, etwas wie ‚Selbstkontrolle' zu probieren", mit der „unaussprechbaren Absicht, zu beweisen, daß ‚Selbstkontrolle' ineffektiv und absurd ist" (S. 327). Im allgemeinen verstehen wir symptomatisches Verhalten so, daß es auf diese Form der Selbstkorrektur zielt. Wir haben impliziert, daß Verneinung vom unbewußten Geist so kommuniziert wird, daß die Behauptung erst ausgeführt und dann verneint wird. Für einen Alkoholiker stellt das „ganz unten" eine behaviorale reductio ad absurdum der Prämisse der Selbstkontrolle dar. Momente des „ganz unten" treten typischerweise dann auf, wenn eine Person erkennt, daß sie keine Kontrolle über eine Situation hat. Die Erfahrung ist „die Panik, feststellen zu müssen, daß **es** (das System . . .) stärker ist als er" (BATESON 1972, S. 330). Durch die Erfahrung des „ganz unten" führt ein Symptom sein Opfer zur Selbstkorrektur.

Therapeut: Ich denke, viele Therapeuten folgen dieser Einsicht. Sie organisieren ihre Arbeit auf der Voraussetzung, daß der unbewußte Geist nur in der Sprache des Absurden kommuniziert.

Kybernetiker: Da der unbewußte Geist ein **vollständiger** Kreislauf ist, müssen wir ihn uns so vorstellen, daß er keine Unterscheidungen treffen kann. Das heißt, er kann keine Seite einer Beziehung spezifizieren, noch kann er mit diachroner Zeit umgehen. Das Wichtigste aber ist, daß der unbewußte Geist keine Unterscheidung treffen kann, die eine Verneinung anzeigt: Er kann nicht „nein" sagen. Die Kommunikation des unbewußten Geistes ähnelt daher der des Wolfes, der über keine Sprache verfügt, eine entweder/oder-Unterscheidung zu spezifizieren. Um eine Verneinung auszudrücken, muß der unbewußte Geist eine reductio ad absurdum ausführen.

Therapeut: Bezieht man dies auf die Therapie, dann heißt das, wir können jedes Symptom als Kommunikation des unbewußten Geistes auffassen. Symptome verweisen auf die Ausführung dessen, was verneint, verändert oder, wie Du sagen würdest, kalibriert werden soll. Symptomatische Kommunikation abblocken heißt, die Ausführung einer reductio ad absurdum abblocken und dementsprechend die angestrebte adaptive Änderung verhindern.

Kybernetiker: Heißt das, Therapeuten sollten das Auftreten des Symptoms fördern? Das erscheint mir verrückt.

Therapeut: Ich würde so sagen: Begreift man das Symptom als Teil einer reductio ad absurdum, dann besteht die Verantwortlichkeit des Therapeuten darin, die Art und Weise, wie der unbewußte Geist des gestörten Systems sich selbst zu kalibrieren versucht, zu respektieren und zu unterstützen. Meistens geraten Familienmitglieder, Freunde und Therapeuten angesichts eines Symptoms in Panik und versuchen eine Lösung nach der anderen, um es auszulöschen. Wie aber die meisten Therapeuten wissen, scheinen diese Lösungen oft zum Weiterbestehen des Problems beizutragen. Nur aufgrund dieser Einsicht organisieren einige Therapeuten Therapie so, daß sie nichts tun, außer das Lösungsverhalten abzublocken. Wird zugelassen, daß symptomatische Kommunikation vollständig auftreten kann, dann ist das System paradoxerweise in der Lage, sich neu zu kalibrieren. Hat es sich neu kalibriert, dann ist symptomatische Kommunikation nicht mehr notwendig. Anders gesagt, es muß dem unbewußten Geist möglich gemacht werden, eine reductio ad absurdum aufgrund der Erfahrung des symptomatischen Verhaltens zu schaffen. Bei einem solchen Ereignis müssen alle in Beziehung stehenden Mitglieder des sozialen Verbandes für die Sprache, für die sich der unbewußte Geist entschieden hat, empfänglich sein. Sprache und Logik des unbewußten Geistes erscheinen den Teilbögen des bewußten Geistes aber wieder als unlogisch und verrückt. Weiß er dies, dann verschreibt der Therapeut einen Kontext, wo verrückt und unlogisch sein, hoch geschätzt und verordnet wird.

Kybernetiker: Wird der Therapeut verrückt?

Therapeut: Im Rahmen des bewußten Geistes — ja. Aus der Sicht des unbewußten Geistes — nein.

Kybernetiker: Welches unbewußten Geistes — des Therapeuten oder der Familie?

Therapeut: Dem unbewußten Geist der Therapie, Familie plus Therapeut.

Kybernetiker: Was ist der unbewußte Geist der Therapie?

Therapeut: Ich weiß wirklich nicht, wie man darüber sprechen kann. Was ich aber weiß, ist, daß man experientell lernen kann, sich mit dem unbewußten Geist zu verbinden und ihm erlauben, die eigenen Handlungen zu organisieren. Ich spreche nicht von der Art Erfahrung, die aus einem nicht kalibrierten Fließen des Primärprozesses kommt. Worauf ich aus bin, ist ein Muster der Verbindung zwischen mir und den Familien, mit denen ich arbeite, das es uns allen möglich macht, sich mit den natürlichen Ressourcen des unbewußten Geistes zu versorgen. Leider weiß ich nicht, wie ich über das, was ich weiß, reden kann.

Kybernetiker: Meinst Du, daß Deine „Erfahrung" Deine Handlung kalibriert?

Therapeut: Fällt mir auf, daß ich mich während einer Therapiesitzung langweile, dann mache ich sofort etwas völlig anderes als das, was ich vor dem Erleben des Langweilens gemacht habe. Ich kann einschlafen, eine Phantasie entwickeln oder mich bei der Familie beklagen, daß sie mich langweilt. Meine Erfahrung der Langeweile wird daher nützlich: sie kalibriert oder sie treibt mich an, etwas völlig anderes zu tun.

Kybernetiker: Was wiederum die Familie kalibriert oder antreibt, anders zu sein.

Therapeut: Kybernetik des Absurden scheint eine interessante Möglichkeit, darüber zu reden, wie man die eigene Erfahrung in den Kreislauf einbezieht, eine andere Erfahrung zu schaffen. Ich kann z.B. die Erfahrung der Langeweile benutzen, eine Nichtübereinstimmung zu provozieren. Diese Nichtübereinstimmung kann dann wieder in den Kreislauf einbezogen werden, um die Erfahrung von Nähe zu schaffen. Undsoweiter.

Kybernetiker: Du verweist auf ein dialektisches Muster in diesem Recycling-Prozeß. Dieser dialektische Prozeß scheint für die meisten von Euch in Begriffen des Hin- und Herschwingens zwischen einem Gefühl individueller Autonomie und einem Gefühl der Gruppenzugehörigkeit aufzutreten. Erlebst Du Dich innerhalb der Familie, wird diese Erfahrung in den Kreislauf einbezogen und führt zum Erleben, außerhalb der Familie zu sein.

Therapeut: „Sein" hat etwas damit zu tun, diese Rekursion oder diesen Recycling-Prozeß mitzugehen. Man pendelt zwischen den Seiten hin und her, welches auch immer die organisierende Unterscheidung sein mag: Liebe/Haß, Nähe/Distanz, Wir-Sein/Ich-Sein, Beteiligung/Langeweile, Schönheit/Häßlichkeit undsoweiter. „Tun" bezieht sich demgegenüber auf jeden zweckgerichteten Versuch, an einer Seite der erlebten Unterscheidung festzuhalten oder sie zu stabilisieren.

Kybernetiker: Mit anderen Worten, „sein" ist einfach eine andere Art, über den unbewußten Geist zu reden, während „tun" sich auf den bewußten Geist bezieht. Wie lassen sich diese Ideen auf Familientherapie anwenden?

Therapeut: Wenn Du an das dialektische Muster in Hinblick auf die erlebte Unterscheidung denkst, dann verschaffen Familien dem Therapeuten einen besonderen Vorteil. Nämlich den, daß jede Erfahrung, Rolle, Verhaltensweise oder Kommunikation, die ein Familienmitglied anbietet, oft auf eine komplementäre Weise an die Erfahrung eines anderen gebunden ist. Ein depressiver und desorganisierter Vater kann z.B. seine Erfahrung in Bezug auf ein anderes Familienmitglied darstellen, etwa die Mutter oder Großmutter, die optimistisch und gut organisiert ist. Familien stellen oft eine Choreographie komplementärer Unterscheidungen bereit, die sich vor den Augen des Therapeuten entfalten. Die Kunst der Familientherapie liegt darin, mit diesen Mustern, auf die wir uns vorhin als unbewußter Geist bezogen haben, zu arbeiten.

Kybernetiker: Wie macht man das?

Therapeut: Indem man nichts macht.

Kybernetiker: Nun mal ernsthaft: was tust Du?

Therapeut: Ich bin absolut ernsthaft. Die Kunst der Therapie hat etwas damit zu tun, nichts zu tun oder, im taoistischen Rahmen, der Therapeut muß „nicht tun". Nichts tun und nicht tun heißt nun nicht, daß der Therapeut faul und für die Familie nicht empfänglich ist, selbst wenn das möglich wäre. Es heißt, daß die eigenen Teilbögen des bewußten Geistes nicht zielgerichtet alles, was in der Therapie geschieht, organisieren. Vielmehr wird dem Muster, das die ganze Familie mit dem Therapeuten verbindet, eingeräumt, die Organisation der Therapie zu leiten und zu verbessern.

Kybernetiker: Wie macht man das?

Therapeut: Eine Möglichkeit, sich damit auseinanderzusetzen, ist die, jede Kommunikation des Therapeuten als eine Umgestaltung dessen, was die Familie tut, aufzufassen. Jeder Vorschlag eines Familienmitgliedes wird akzeptiert und in Richtung des Absurden erweitert. Meint eine Frau, daß es unmöglich sei, mit ihrem Mann zusammenzuleben, kann der Therapeut vorschlagen, daß sie in Erwägung ziehen sollte, sich scheiden zu lassen, jemanden einzustellen, der ihn verprügelt oder einen Plan zu ersinnen, ihn umzubringen. Dann kann man darüber diskutieren, wie seine Beerdigung ablaufen und wer in der Familie von seinem Abtreten am meisten profitieren würde. Wenn jemand das, was der Therapeut tut, in Frage stellt, würde er auf seinem Standpunkt beharren und darauf, daß er sein Bestes gebe, um zu helfen.

Kybernetiker: Der Therapeut ist in dem Sinne hilfreich, daß er die problematische Kommunikation dazu ermuntert, auf eine reductio ad absurdum zuzulaufen. Woher weißt Du, welche Botschaften nicht akzeptiert und in Richtung auf das Absurde erweitert werden sollen?

Therapeut: Das Muster, das Dich mit der Familie verbindet, kann Dich kalibrieren. Es ist das beste, den unbewußten Geist der Familie die Therapie leiten und kontrollieren zu lassen.

Kybernetiker: Aber wie kalibrierst Du Dich selber, um in einer Position zu sein, wo Du von dieser Ordnung des unbewußten Geistes kalibriert wirst?

Therapeut: Genau diese Frage ist auf viele verschiedene Weise gestellt worden. Es ist genau dieselbe Frage, die Leute stellen, wenn sie sich ernsthaft mit Zen befassen. Jede angemessene Antwort muß die Unterscheidungen, die der Frage innewohnen, aufspüren. Wie würdest Du mit einer solchen Frage umgehen?

Kybernetiker: Kybernetisch gesehen, kann ich das Verhalten jedes Therapeuten untersuchen und grundlegende Unterscheidungen herausfinden, die sie benutzen, ihre Arbeit zu organisieren. Diese Unterscheidungen können sich auf Problemverhalten konzentrieren, auf triadische Sozialbeziehungen, kontextuelle Bedeutungen, unbewußte Prozesse undsoweiter. Ich kann diese Unterscheidungen dann in Begriffen einiger grundlegender kybernetischer Vorstellungen organisieren.

Therapeut: Welches ist Deine grundlegendste kybernetische Vorstellung?

Kybernetiker: Die Definition eines kybernetischen Systems ist wahrscheinlich ein guter Anfang. Ich definiere ein kybernetisches System als komplementäre Beziehung von Stabilität und Änderung:

kybernetisches System = Stabilität/Änderung

Diese Definition macht deutlich, daß Systeme aufgrund sich wiederholender Änderungsprozesse stabil bleiben. Diese sich wiederholenden Prozesse sind das Recycling oder rekursive Muster, worüber wir vorhin sprachen.

Therapeut: Kannst Du mit dieser Definition dahinkommen zu erkennen, wie Therapeuten ihr Handeln organisieren hinsichtlich der Art, wie sie die spezifischen Möglichkeiten ansprechen, in denen sich problematische Systeme ändern, um stabil zu bleiben?

Kybernetiker: Das ist eine Art, wie man das, was ich tue, sehen kann. Denk daran, daß Du Deine Arbeit so beschrieben hast, daß Vorschläge und Mitteilungen Deiner Klienten akzeptiert werden. Ich kann dies in Begriffe von Änderung und Stabilität einsortieren. Akzeptiere ich die Kommunikation des Klienten, wird Stabilität angesprochen, während das Erweitern Änderung anspricht.

Therapeut: Ist das alles, was Deiner Ansicht nach in der Therapie abläuft?

Kybernetiker: Nun, ich sehe das offenbar alles sehr vereinfacht. Aber es ist dennoch nahe an dem, was in der Therapie abläuft, wenn Du darauf achtest, wie ein Therapeut Transformationen der Kommunikation seiner Klienten anbietet. Jede Kommunikation läßt sich zurechtstutzen, nur nicht die Art, wie sie sich mit den Änderungs- und Stabilitätsprozessen eines Systems verbindet. Setzt man eine solche kybernetische Ordnung voraus, kann die Botschaft transformiert und in das System zurückgegeben werden. Dieser Prozeß wurde „Sozio-Feedback" genannt (vgl. KEENEY 1983).

Therapeut: Reicht allein dieser Prozeß, therapeutische Änderung zu instrumentieren?

Kybernetiker: Manchmal ist es nützlich, ROSS ASHBYs Gedanken zu folgen, daß jedes System eine Quelle des Zufälligen benötigt, um ein neues Organisationsmuster zu schaffen. Aufgrund dieser Vorstellung müssen wir ergänzen, daß die Umgestaltung der Kommunikation des Klienten durch den Therapeuten auch eine Quelle des Rauschens schaffen muß. Da keine Transformation perfekt ist, wird die Transformation immer etwas Rauschen enthalten. Dennoch dürfte es nützlich sein, Therapie so zu begreifen, daß sie eine bestimmte Form eines bedeutsamen Rauschens einführt, aus dem das problematische System neue Muster und Bedeutungen konstruieren kann. Geschichten, Erläuterungen, Scherze, Diagnosen, Aufgaben, Rituale undsoweiter sind einige Möglichkeiten, wie Therapeuten ihre Klienten mit wichtigen Quellen des Rauschens versorgen können.

Therapeut: Schafft jede Therapie solche Transformationen, die Stabilität, Änderung und Rauschen betreffen?

Kybernetiker: Dies sind die Unterscheidungen, die man benutzen kann, um Therapie zu beobachten. Darüberhinaus können diese Unterscheidungen benutzt werden, um Therapie zu verschreiben und zu konstruieren.

Therapeut: Ich bin ein bißchen durcheinander, da ich mich nicht so sehe, daß ich absichtlich das konstruiere, was in der Therapie geschieht.

Kybernetiker: Ich kann Dich jederzeit so sehen, daß Du eine therapeutische Wirklichkeit vorschreibst, die die Vorstellung einschließt, daß Du Dir nicht bewußt bist, an eben dieser Konstruktion beteiligt zu sein.

Therapeut: Ich sehe mich lieber so, daß ich in einen nicht-technischen, nicht-theoretischen familientherapeutischen Ansatz einbezogen bin.

Kybernetiker: Das sind dann die Unterscheidungen, die Du bei der Konstruktion, Beschreibung und Erklärung Deiner therapeutischen Wirklichkeit vorschreibst.

Therapeut: Worin würdest Du den Unterschied meines Ansatzes, den man manchmal „experientell" nennt, gegenüber anderen, stärker zweckgerichtet organisierten Therapien sehen?

Kybernetiker: Fragst Du Deine Klienten manchmal, an welchem Problem sie arbeiten wollen und welche Lösungen sie versucht haben?

Therapeut: Klar.

Kybernetiker: Beschränkst Du Deine Therapie darauf, nur solche Fragen zu stellen, die diese Art der Information erbringen?

Therapeut: Nein.Wie könnte ich? Ich würde mich zu Tode langweilen.

Kybernetiker: Interagieren Familienmitglieder miteinander, so daß Du das Koalitionsmuster, das sie organisiert, erkennen kannst?

Therapeut: Natürlich, wenn es wichtig und/oder interessant erscheint.

Kybernetiker: Beschränkst Du Dich darauf, nur solche Information einzuholen?

Therapeut: Das brauchst Du mich nun wirklich nicht noch einmal zu fragen.

Kybernetiker: Meiner Meinung nach unterscheidet sich Deine Therapie von vielen anderen Ansätzen in dem, was Du nicht auszuschließen bereit bist. Während die meisten Therapien sich einfach in Ausdrücken der Information, die sie zielgerichtet ausschließen, definieren lassen, ist Deine Therapie offen gegenüber der Möglichkeit, daß alles und jedes untersucht und erfahren werden darf.

Therapeut: Das heißt nun nicht, daß alles und jedes untersucht und erfahren wird.

Kybernetiker: Klar, aber es besteht immer die Möglichkeit, daß dies geschehen könnte.

Therapeut: Ich glaube, Du begreifst langsam, weshalb experientelle Familientherapie wirklich nicht so gelehrt werden kann wie andere Therapien. Man kann sie nur unmittelbar erleben. Jede Familie bietet die Gelegenheit unvorstellbarer Möglichkeiten.

Kybernetiker: Ich kann all das, was Du machst, immer noch in Begriffen sehen, die Änderung, Stabilität und Rauschen betreffen. Dazu können wir noch über Deine Arbeit in Begriffen des unbewußten Geistes reden.

Therapeut: Du könntest Dich eines Tages langweilen.

Kybernetiker: Dann muß ich andere Therapien untersuchen und konstruieren, andere Unterscheidungen treffen oder meinen Beruf wechseln.

Therapeut: Unsere Arbeit scheint mir ähnlich: Wir versuchen beide, der Langeweile zu entkommen. Du siehst, wir reden nicht nur über Therapie und Kybernetik. Wir reden darüber, wie man lebt.

Kybernetiker: Gibt es irgendeinen Rat, wie Therapeuten am Leben bleiben können?

Therapeut: Sicher, CARL WHITAKER (1976, S. 164) hat irgendwann einmal die folgenden Regeln vorgeschlagen:

1. Verweise jeden wichtigen Anderen auf den zweiten Platz.
2. Lerne lieben. Flirte mit jedem Kind in Deiner Nähe.
3. Entwickle Ehrfurcht vor Deinen eigenen Impulsen und sei auf der Hut vor Deinen Verhaltenssequenzen.
4. Freue Dich mehr an Deinem Partner als an Deinen Kindern und sei mit Deinem Partner kindisch.
5. Zerbreche Rollenstrukturen vorsätzlich und ständig.
6. Lerne, Dich aus jeder Position, die Du einnimmst, zurückzuziehen und voranzugehen.
7. Schütze Deine Impotenz als eine Deiner wertvollsten Waffen.
8. Schaffe langfristige Beziehungen, so daß Du frei bist, richtig zu hassen.
9. Sehe der Tatsache ins Auge, daß Du bis zu Deinem Tode wachsen mußt. Entwickle ein Gefühl für die milde Absurdität des Lebens — Deines eigenen und derjenigen, die um Dich herum sind — und lerne daher, über die Erfahrungswelt hinauszugehen. Wenn wir unseren missionarischen Eifer aufgeben, würde sich die Wahrscheinlichkeit verringern, von Kannibalen gefressen zu werden.
10. Entwickle Dein primärprozeßhaftes Leben. Entwickle eine gemeinsame Verrücktheit mit jemandem, bei dem Du sicher bist. Strukturiere eine berufliche Kuschelgruppe, damit Du Deinen Partner nicht mit dem Müll belastet, der aus der täglichen Arbeit stammt.
11. Wie PLATO sagte: „Praktiziere sterben."

Kybernetiker: Laß uns spaßeshalber mit einigen Regeln spielen. Als erstes schlägt er vor, wichtige Andere an die zweite Stelle zu setzen. Wir können diese Idee modifizieren und anregen, das, was für das Wichtigste gehalten wird, seien es Menschen, Ideen, Erfahrungen oder Therapiegewohnheiten, auf den zweiten Platz zu verschieben. Nach dieser Änderung müßten wir uns der neuen Hierarchie zuwenden und sie ändern — immer und immer wieder. Wir könnten sogar uns selbst dabei ertappen, genau diese Regel auf den zweiten Platz zu schieben. Und wieder ist eine Welt, die oszilliert, sich auf eine dialektische Art hin- und herbewegt, sich in ihren Kreislauf einbringt oder sich kybernetisch selbst reguliert, ein weitaus interessanterer Ort zu leben.

Therapeut: Interessanter — meinst Du damit, daß es leichter ist, eine Welt, in der sich der Sand unter unseren Füßen dauernd ändert, zu lieben und zu schätzen?

Kybernetiker: Ich erinnere mich an einen Ratschlag, den MARGARET MEAD (in: BATESON & MEAD 1976, S. 39) einmal gab, als sie danach gefragt wurde, wie man Einsicht gewinnt oder, in unserer Sprache, wie man am Leben bleibt. Sie sagte: (1) Studiere Säuglinge; (2) studiere Tiere; (3) studiere einfache Menschen; (4) lasse Dich analysieren; (5) lasse Dich religiös bekehren und komme darüber hinweg; (6) bekomme eine psychotische Episode und komme darüber hinweg; und (7) fang eine Affäre mit einem alten Russen an.

Therapeut: Laß uns ihren Vorschlag auf sich selbst beziehen und ihn so lesen: (1) Lerne, Kinder zu lieben und komme nie darüber hinweg; (2) lerne, Tiere zu lieben und komme nie darüber hinweg; (3) lerne zu lieben, was einfach an den Menschen ist und komme nie darüber hinweg; (4) mache eine Therapie und komme ein Stück darüber hinweg; (5) lasse Dich bekehren — religiös, therapeutisch, ideologisch oder sonstwie — und komme ein Stück darüber hinweg; (6) mache eine psychotische Erfahrung; mache noch eine psychotische Erfahrung und komme über eine hinweg.

Kybernetiker: Du vergißt die Affäre mit einem alten Russen.

Therapeut: Du mußt mir beim alten Russen helfen. Was hat das mit Einsicht und Wachsen zu tun?

Kybernetiker: MEAD wußte auf eine Art, daß jedes gute Rezept etwas Rauschen enthalten muß. Was sagt Dir das?

Therapeut: Bezieht sich das auf WHITAKERs Ehrfurcht vor den eigenen Impulsen? Wie er meinte, „sei auf der Hut vor Deinen Verhaltenssequenzen."

Kybernetiker: Das ist ein kybernetischer Ratschlag. Etwas über Deine Verhaltenssequenzen zu wissen, fügt ihnen etwas hinzu, nämlich Dein Wissen darüber. Dieses Wissen ist ein Unterschied, der Deine Gewohnheiten und Erfahrungen dramatisch ändern kann. Natürlich sollte man vor diesem Muster durchbrochener Sequenzen auf der Hut sein, wie auch vor dem Muster, daß die Ehrfurcht vor den eigenen Impulsen einschließt.

Therapeut: Laß uns diesen Rat auf unsere Unterhaltung anwenden.

Kybernetiker: Meinst Du damit, daß wir das Muster, das wir jetzt benutzen, um unser Gespräch zu organisieren, ändern?

Therapeut: Was würde in diesem Fall geschehen?

Kybernetiker: Eine Möglichkeit wäre, daß wir aufhören, WHITAKERs Regeln für das Wachsen zu kommentieren. Wir könnten es den Lesern überlassen, mit den übrigen Regeln zu spielen.

Therapeut: Was könnten sie damit tun?

Kybernetiker: Sie könnten ihre eigene Unterhaltung mit uns über diese Regeln konstruieren. Wir wollen annehmen, unsere Leser hätten dies getan. In unserer Vorstellung haben wir nun alle Regeln für das Wachsen diskutiert und sind in der Lage, über das, was wir gesagt haben, zu reflektieren.

Therapeut: Ich habe dem nichts hinzuzufügen.

Kybernetiker: Dann laß uns aufhören und eine letzte Frage stellen. Welchen Unterschied macht es, wenn Familientherapeuten versuchen, einen Kontext zu schaffen, der seine Wurzeln in WHITAKERs Regeln für das Wachsen hat?

Therapeut: Wären unsere Zeitschriften, Fachbücher, Trainingsprogramme, Konferenzen, Workshops, Universitätsausbildungen und Therapien noch die gleichen?

Kybernetiker: Wie könnten sie die gleichen sein?

Therapeut: Welchen Unterschied würde es machen?

Kybernetiker: Das Feld müßte sterben lernen.

Therapeut: Es müßte auch spielen lernen.

Kybernetiker: Oder es müßte lernen, sein Wissen und seine Erfahrung so auf sich selbst zu beziehen, daß die eigene Absurdität deutlich wird und daß es genau davon lernen kann.

Therapeut: Das hört sich langsam so an, als sei unser Feld der Patient.

Kybernetiker: Ist es keine Familie — ein kybernetisches System, gebunden an die Begrenzungen der Rückkopplung?

Therapeut: Wie könnte es das nicht sein?

Kybernetiker: Erleben Therapeuten die Absurdität des Kontextes ihres Bereichs und haben sie Teil daran?

Therapeut: Noch wichtiger, benutzen sie die Erfahrung des Absurden, um das umfassendere Muster, das sie organisiert, zu verbinden und zu verbessern?

Kybernetiker: Haben wir das getan?

Therapeut: Wäre es kybernetisch, darauf mit ja oder nein zu antworten?

Kybernetiker: Wäre es meinerseits absurd zu sagen, ich wüßte es?

Therapeut: Wir sollten unsere Leser fragen.

Literatur:

Bateson, Gregory: „Steps to An Ecology of Mind", New York: Ballantine, 1972, dtsch: „Ökologie des Geistes", Frankfurt: Suhrkamp, 1981

--- & Mead, Margaret: „For God's Sake, Margaret", Co-Evol. Quart. 7: 32 – 47, 1976

Cox, Harvey: „The Seduction of the Spirit", New York: Simon & Schuster, 1973

Haley, Jay: „Problem-Solving Therapy", San Francisco: Jossey-Bass, 1976, dtsch „Direktive Familientherapie", München: Pfeiffer, 1977

Keeney, Bradford P.: „Aesthetics of Change", New York: Guilford, 1983, dtsch „Ästhetik des Wandels", Hamburg: ISKO, 1987

--- & Ross, Jeffrey M.: „Mind in Therapy: Constructing Therapeutic Realities", New York: Basic, 1985

--- mit Silverstein, O.: „The Therapeutic Voice of Olga Silverstein", New York: Guilford, 1986

O'Hanlon, Bill: „Strategic Pattern Intervention", J.S.S.T. 1(4): 26 – 33, 1982

von Foerster, Heinz: „Observing Systems", Seaside, California: Intersystems Publications, 1981

von Glasersfeld, Ernst: „An Epistemology for Cognitive Systems" **in** *Roth, G. & Schwegler, H. (eds)* „Self-Organizing Systems", New York. Campus, 1981

Watzlawick, Paul, Weakland, John & Fisch, Richard: „Change: Principles of Problem Formation and Problem Resolution", New York: Norton, 1974, dtsch „Lösungen", Bern: Huber, 1974

Whitaker, C. A.: „The Hindrance of Theory in Clinical Work" **in** *Guerin, P. (ed)* „Family Therapy: Theory and Practice", New York: Gardner, 1976.

Personenverzeichnis

f = eine folgende Seite, ff = folgende Seiten

Sachverzeichnis

f = eine folgende Seite, ff = folgende Seiten